Erfolgreich in der Pflege

Cornelsen

Pluspunkte Beruf – Erfolgreich in der Pflege

Im Auftrag des Verlages erarbeitet von
Jun Li, Yan Hua Lu, Julia Mazurek, Thuy Vy Nguyen, Nicole Russ,
Maria Ryabkova, Huy Hoang Tran, Truc Quynh Tran,
Thu Hien Trinh, Nan Wang, Lidija Wartmann sowie Katrin Rebitzki

Redaktion: Katrin Rebitzki
Projektleitung: Gertrud Deutz

Beratung der Autoren: Christina Kuhn
Fachberatung: Marco Hahn (Dipl. Medizinpädagoge)

Illustrationen: Andreas Terglane
Bildredaktion: Anna Koltermann
Layout und technische Umsetzung: Heike Börner
Umschlaggestaltung: Heike Börner

Weitere Materialien:
Handreichungen für den Unterricht (Download): ISBN 978-3-06-020390-1

www.cornelsen.de

Die Webseiten Dritter, deren Internetadressen in diesem Lehrwerk angegeben sind,
wurden vor Drucklegung sorgfältig geprüft. Der Verlag übernimmt keine Gewähr für
die Aktualität und den Inhalt dieser Seiten oder solcher, die mit ihnen verlinkt sind.

1. Auflage, 4. Druck 2020

Alle Drucke dieser Auflage sind inhaltlich unverändert und können im Unterricht
nebeneinander verwendet werden.

Druck und Bindung: Livonia Print, Riga

ISBN 978-3-06-020379-6

Symbole

🔊))) Hörverstehensübung
(Hörtext auf CD)

Partnerübung

RM Verweis auf Redemittel

PEFC zertifiziert
Dieses Produkt stammt aus nachhaltig
bewirtschafteten Wäldern und kontrollierten
Quellen.
www.pefc.de
PEFC/12-31-006

Pluspunkte Beruf –
Erfolgreich in der Pflege

Liebe Lernerinnen und Lerner,

Sie möchten in einem Altenpflegeheim, Krankenhaus, in der mobilen oder häuslichen Pflege arbeiten bzw. weiterkommen und Ihre berufsbezogenen Deutschkenntnisse verbessern? Mit dem Modul **Pluspunkte Beruf – Erfolgreich in der Pflege** können Sie auf der Niveaustufe B1 des Gemeinsamen europäischen Referenzrahmens gezielt sprachliche Lücken schließen und Ihre Sprachkompetenzen, die Sie für den beruflichen Alltag benötigen, nachhaltig verbessern.

Das Modul **Pluspunkte Beruf – Erfolgreich in der Pflege**
• vermittelt Basiswissen für die Bereiche Krankenhaus, Altenpflegeheim und ambulante Pflege
• präsentiert zentralen Wortschatz und wichtige Redemittel für die Ausübung des Berufs
• übt das berufsbezogene Hör- und Leseverstehen
• trainiert die Kommunikation am Arbeitsplatz

Das Modul enthält 22 kurze, abwechslungsreiche doppelseitige Einheiten. In klar strukturierten Lernsequenzen und praxisbezogenen Aufgaben werden Sie auf den Arbeitsalltag vorbereitet und trainieren und erweitern die erforderlichen sprachlichen Fertigkeiten für Ihren Beruf.

Der Anhang enthält eine übersichtliche Zusammenstellung der wichtigsten Redemittel, eine Wortliste mit dem Lernwortschatz der Einheiten 1 – 22 mit Schreibzeilen zum Eintragen der Übersetzung in die Muttersprache, die Transkripte der Hörtexte und einen Lösungsschlüssel.

Wir wünschen Ihnen viel Erfolg beim Lernen mit **Pluspunkte Beruf – Erfolgreich in der Pflege**!

Inhalt

Berufsbilder und Tätigkeiten

1   Ordnen Sie die Berufe den Bildern zu.

1. die Gesundheits- und Kinderkrankenpflegerin /
der Gesundheits- und Kinderkrankenpfleger

2. die Gesundheits- und Krankenpflegerin / der Gesundheits- und Krankenpfleger

3. die Pflegehelferin / der Pflegehelfer, die Pflegeassistentin / der Pflegeassistent

4. die Altenpflegerin / der Altenpfleger

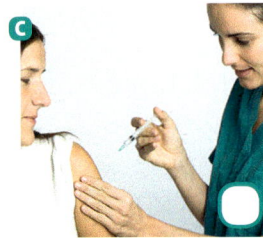

2a   Drei Personen stellen ihre Berufe vor. Lesen Sie die Texte und notieren Sie die Berufe.

Katja P., 22: *Gesundheits- und Kinderkrankenpflegerin*

„Meine Tätigkeiten im Krankenhaus sind ähnlich wie die von normalen Pflegekräften: Ich gebe Spritzen, wechsele Verbände und messe Temperatur und Blutdruck. Außerdem helfe ich beim Essen und Waschen. Natürlich spielt bei den kleinen Patienten die psychologische Betreuung eine noch wichtigere Rolle als bei den Erwachsenen. Das heißt, ich tröste sie auch und spiele mit ihnen, um ihnen die Angst zu nehmen."

Sascha R., 32: _____

„Ich betreue die Bewohner im Seniorenheim am Waldsee in Göttingen. Ich helfe ihnen vor allem beim Essen und bei der Körperpflege. Außerdem wechsele ich Verbände, verteile Medikamente und gebe Anleitungen für Bewegungs- und Atemübungen. Natürlich ist es sehr wichtig, mit den Menschen zu sprechen. Wir wollen ihnen das Gefühl geben, dass sie nicht allein sind. Deshalb organisieren wir auch Feste und Ausflüge für alle Bewohner."

Sanija S., 22: _____

„Seit zwei Jahren bin ich Saschas Kollegin im Seniorenheim. Dort unterstütze ich die Altenpfleger und Altenpflegerinnen. Uns ist es wichtig, dass die Bewohner noch viel selber machen können. Das heißt, dass ich nur helfe, wenn es nötig ist, alles andere aber die Menschen selber machen lasse. Für den Umgang mit den alten Menschen muss ich viel Geduld und Verständnis haben, aber ich bekomme auch viel von ihnen zurück. Das ist mir sehr wichtig."

2b   Welchen Beruf finden Sie interessant? Warum? Sprechen Sie im Kurs.

3 Nomen und Verben verbinden. Was passt? Es gibt mehrere Möglichkeiten.

❶ ~~Spritzen~~ Verbände Kinder
Feste/Ausflüge Medikamente
die Angst Bewohner
bei der Körperpflege mit den Menschen

❷ helfen verteilen geben
betreuen trösten sprechen
organisieren
nehmen wechseln

Spritzen geben ... _____

4a Eine Gesundheits- und Krankenpflegerin stellt sich vor. Ergänzen Sie den Dialog. Kontrollieren Sie mit der CD. 🔊 2

> Menschen – Angst – Aufgaben – Gesundheits- und Krankenpflegerin – Arztpraxis – herzlich willkommen – Pflegeberuf – Patienten – Körperpflege – Geduld – betreuen – helfen – Verständnis

◄ Guten Morgen, Frau Müller, und _____[1]! Wie lange arbeiten

Sie schon als _____[2]?

◄ Also, ich bin seit fünf Jahren im Krankenhaus tätig. Davor habe ich zwei Jahre lang

in einer _____[3] gearbeitet.

◄ Aha, und warum haben Sie sich für einen _____[4] entschieden?

◄ Mir macht es Spaß, mit _____[5] zusammenzuarbeiten, sie zu

_____[6] und ihnen zu _____[7].

◄ Welche _____[8] haben Sie im Krankenhaus?

◄ Sehr verschiedene! Ich nehme unsere _____[9] auf und betreue sie. Das

heißt zum Beispiel, dass ich ihnen Essen bringe, bei der _____[10]
helfe und da bin, wenn es Fragen gibt. Natürlich spende ich auch Trost und höre zu.

◄ Wie schaffen Sie es, Ihre anstrengende Arbeit mit Spaß und Engagement zu machen?

◄ Man muss schon viel _____[11] und _____[12] mitbringen,
aber ich arbeite einfach gern im engen Kontakt mit den Patienten und es ist mir

wichtig, ihnen die _____[13] zu nehmen.

◄ Vielen Dank, Frau Müller, dass Sie Ihren Beruf vorgestellt haben.

4b Warum haben Sie sich für einen Pflegeberuf entschieden? Interviewen Sie sich gegenseitig und stellen Sie Ihren Partner / Ihre Partnerin im Kurs vor. 🗨🗨

Arbeitsorte, Kolleginnen und Kollegen

1 Welche Erklärung passt zu welchem Arbeitsort? Ordnen Sie zu.

1. Hier wohnen alte Menschen und Menschen mit Behinderung, die nicht allein leben können. Sie haben eine eigene Wohnung oder nur ein Zimmer.

2. Hier sind kranke Menschen nur so lange, bis sie wieder nach Hause können oder in eine stationäre Pflegeeinrichtung ziehen.

3. An diesem Ort werden Menschen betreut, die zu Hause wohnen, tagsüber aber Hilfe brauchen.

4. Wer in diesem Bereich arbeitet, pflegt die alten Menschen oder Menschen mit Behinderung in ihrem eigenen Zuhause.

○ die teilstationäre Pflegeeinrichtung (Tagespflege)

○ die stationäre Pflege-einrichtung (Alten-pflege-/ Behinderten-wohnheim)

○ die häusliche/mobile Pflege

○ das Krankenhaus

2a Vier Personen stellen sich vor. Wo arbeiten sie? Hören und ergänzen Sie. 🔊 3–6

1. _Seniorenheim_   2. _____   3. _____   4. _____

2b Hören Sie die Dialoge noch einmal und ergänzen Sie. 🔊 3–6

1. Name/Alter: _Sascha Richter, 32_

Aufgaben: _____

_____

Vorteile: _____

Nachteile: _____

2. Name/Alter: _Katja Müller,_

Aufgaben: _____

_____

Vorteile: _____

Nachteile: _____

3. Name/Alter: _Olga Zielinska,_

Aufgaben: _____

_____

Vorteile: _____

Nachteile: _____

4. Name/Alter: _Teresa Procházková,_

Aufgaben: _____

_____

Vorteile: _____

Nachteile: _____

3a   Lesen Sie den Text und unterstreichen Sie alle Berufe.

Wer arbeitet eigentlich im Krankenhaus?

Im Krankenhaus arbeiten Menschen mit ganz unterschiedlichen
Berufen. Dazu gehören natürlich Ärzte für verschiedene Fachgebiete.
Die Ärzte delegieren Tätigkeiten, wie Verbände anlegen und Medi-
5 kamente geben, an Krankenpflegerinnen und Krankenpfleger.
Tätigkeiten der Grundpflege, wie z. B. beim Essen oder bei der Körper-
pflege helfen, übernehmen oft Pflegeassistenten und Pflegehelfer. Die Vorgesetzten der
Pfleger und Pflegerinnen sind nicht die Ärzte, sondern die Pflegedienstleiter (PDL).
Außerdem arbeiten in Krankenhäusern auch Psychologen, Physiotherapeuten,
10 medizinisch-technische Assistenten und Laboranten, Apotheker, Sozialarbeiter,
Seelsorger, Köche, anderes Küchenpersonal und Reinigungskräfte.
Optimal ist es, wenn alle Berufsgruppen, die einen Menschen betreuen und pflegen,
eng zusammenarbeiten. Man spricht von „interdisziplinärer Zusammenarbeit".

3b   Sind die Sätze richtig oder falsch? Kreuzen Sie die richtigen Aussagen an.

1. Die Ärzte delegieren verschiedene medizinische Aufgaben an die Pfleger. O
2. Im Krankenhaus arbeiten nur wenige verschiedene Berufsgruppen. O
3. Die Ärzte sind die Chefs der Krankenpflegerinnen und Krankenpfleger. O
4. Am besten gelingt die Arbeit, wenn jeder für sich allein arbeitet. O
5. „Interdisziplinäre Zusammenarbeit" heißt, dass verschiedene Berufsgruppen O
    zusammenarbeiten.

4   Lesen Sie den Text. Ergänzen Sie die Grafik rechts.

Hierarchien in Pflegeeinrichtungen

In Altenpflege- und Behindertenwohnheimen sind
die Hierarchien klar geregelt: Die Direktion oder
Heimleitung steht an der Spitze. Ihr ist die Pflegedienstleitung (PDL) unterstellt. Sie kann den Pflege-
5 mitarbeitern sagen, was sie tun sollen. Man sagt: Sie
ist ihnen gegenüber weisungsbefugt. Manchmal ist
die PDL auch für den hauswirtschaftlichen Bereich
verantwortlich. In manchen Einrichtungen gibt es
dafür aber auch eine Hauswirtschafterin.
10 Nach der PDL kommen die Abteilungs- und Gruppenleiter oder auch Wohnbereichsleiter mit ihren
Teams. Dort arbeiten Pflegefachkräfte, Pflegeassistenten und Pflegehelfer, Hilfskräfte, Pflegeschüler und Auszubildende.

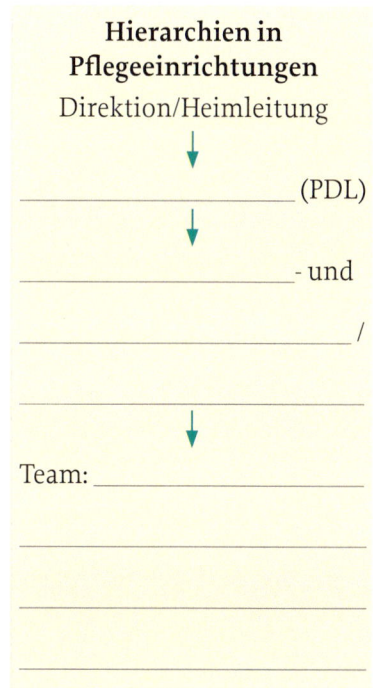

Hierarchien in Pflegeeinrichtungen

Direktion/Heimleitung
↓
_____ (PDL)
↓
_____ - und
_____ /
_____
↓
Team: _____
_____
_____
_____

Orientierung im Krankenhaus

1 Ordnen Sie die Piktogramme den Bedeutungen zu.

1 ✚ **2** ← **3** 💚 **4** 😷 **5** ⚕✚

6 🧯 **7** 🚭 **8** 📞 **9** ↘↙

○ Rauchverbot   ○ Notausgang   ○ Erste Hilfe

○ Arzt   ○ Sammelstelle   ○ Hals-Nasen-Ohrenabteilung

○ Notruftelefon   ○ Feuerlöscher   ○ Defibrillator (AED)

2 Abteilungen und Tätigkeiten im Krankenhaus. Ordnen Sie zu.

1. Die Patienten schlafen im	○ Kreißsaal.
2. Neue Patienten melden sich in der	○ Aufenthaltsraum.
3. Operiert werden Patienten im	○ Apotheke.
4. Medikamente kauft man in der	○ Notaufnahme/Rettungsstelle.
5. Man untersucht Blut im	○ Stationsküche.
6. Zum Röntgen müssen die Patienten in die	① Patientenzimmer.
7. Pfleger kaufen Brötchen in der	○ Labor.
8. Die Dienstübergabe findet statt im	○ Operationssaal.
9. Patienten unterhalten sich / lesen im	○ Aufwachraum.
10. Besonders schwer Kranke liegen auf der	○ Röntgenabteilung.
11. Tee und Kaffee werden zubereitet in der	○ Aufnahme.
12. Kinder werden geboren im	○ Cafeteria.
13. Patienten liegen direkt nach der Operation im	○ Intensivstation (ITS).
14. Akutversorgung gibt es rund um die Uhr in der	○ Dienstraum/Schwesternzimmer.

3 Wegbeschreibungen. Hören Sie die Gespräche und ergänzen Sie. 🔊))) 7–8

1. Der Besucher möchte _____¹ besuchen.

   Er muss zur _____² im _____³ Stock.

   Er soll an der Information _____⁴.

   Der Fahrstuhl ist _____⁵ der Information.

2. Die Patientin muss in die _____¹.

   Sie soll den Fahrstuhl in den _____² nehmen.

   Dann soll sie nach _____³ bis _____⁴ gehen.

   Die Röntgenabteilung beginnt _____⁵.

4

RM

Arbeiten Sie zu zweit. Sie sind an der Information. Fragen Sie sich gegenseitig, wie Sie zu verschiedenen Abteilungen des Krankenhauses kommen. Erklären Sie einander den Weg. 💬

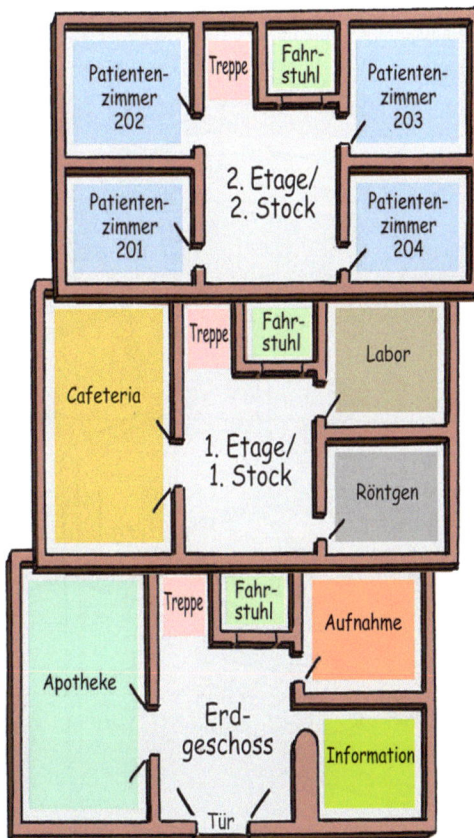

◖ Entschuldigung,
　　wie komme ich zu/zum/zur …?
　　wo geht es zu/zum/zur …?
　　wo ist … ?
　　ich suche …
◖ Könnten Sie mir das bitte noch
　einmal erklären?

◖ Der/Die/Das … ist
　　im Erdgeschoss.
　　im ersten/zweiten/dritten/… Stock.
　　neben dem/der …
◖ Nehmen Sie die Treppe / den Fahrstuhl
　in den ersten/zweiten/… Stock.
◖ Gehen Sie hier rechts/links/geradeaus /
　den Flur entlang.
◖ Auf der rechten/linken Seite ist …
◖ Es ist die erste/zweite/dritte/… Tür
　rechts/links.
◖ Fragen Sie dort / im … Stock am besten
　noch einmal nach.

Gegenstände und Hilfsmittel

1   Das Abendbrot zubereiten. Ordnen Sie die Wörter den Dingen auf dem Tisch zu.

◯ der Teller   ◯ das Messer

◯ die Tasse   ◯ der Löffel

◯ die Untertasse   ◯ die Gabel

◯ die Serviette   ◯ das Glas

◯ die Schale   ◯ der Pfefferstreuer

◯ der Brotkorb   ◯ der Salzstreuer

2a   Ordnen Sie die Wörter auf S. 13 den Gegenständen auf dem Bild zu.

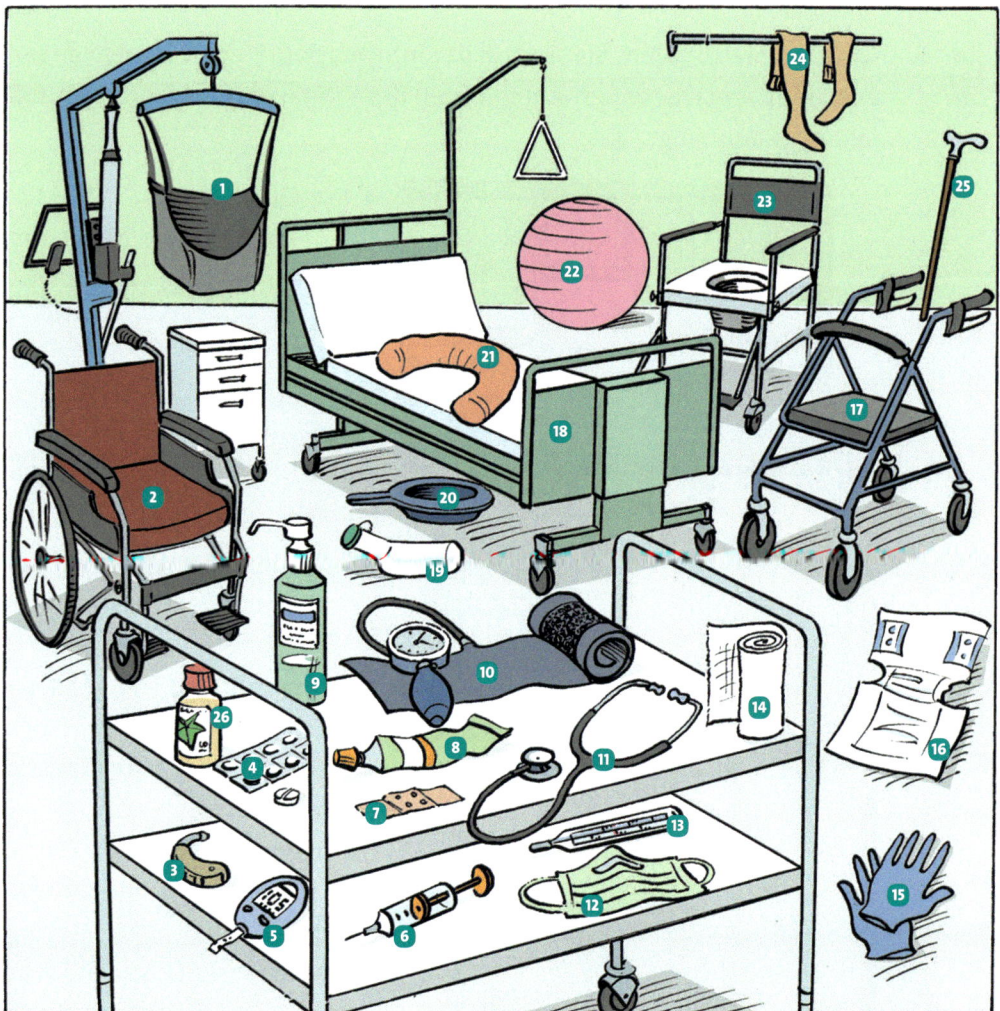

○ das Lagerungskissen   ○ die Spritze   ○ der Mund-Nase-Schutz

○ die Bettpfanne   ○ das Pflaster   ○ Thromboseprophylaxestrümpfe

○ der Gymnastikball   ○ der Gehstock   ○ das Blutzuckermessgerät

○ die Urinflasche   ○ der Rollstuhl   ○ das Blutdruckmessgerät

○ das Stethoskop   ○ der Verband   ○ das Desinfektionsmittel

○ die Schutzhandschuhe   ○ die Salbe   ○ das Fieberthermometer

○ der Toilettenstuhl   ○ die Tablette   ○ der Rollator/Gehwagen

○ die Tropfen   ○ die Vorlage   ○ das höhenverstellbare Pflegebett

○ der Patientenlifter   ○ das Hörgerät

2b **Welcher Gegenstand aus 2a gehört in welchen Bereich? Ordnen Sie zu.**

1. Mobilisation und Bewegung: _____

_____

2. Hilfe beim Toilettengang / bei Inkontinenz: _____

_____

3. Hilfe bei anderen körperlichen Einschränkungen: _____

4. Hilfe bei bettlägerigen Patienten/Bewohnern: _____

_____

_____

5. Sauberkeit / Schutz vor Infektionen: _____

_____

6. Versorgung von Wunden: _____

7. Untersuchungen: _____

_____

8. Medizin/Medikamente: _____

Dienstzeiten und Dienstpläne

1a Eine mögliche Aufteilung der Dienstzeiten. Ordnen Sie zu.

Nachtdienst o   o 14:00 Uhr bis 22:30 Uhr
Spätdienst   o   o 06:00 Uhr bis 14:30 Uhr
Frühdienst   o   o 22:00 Uhr bis 06:30 Uhr

> **Dienstzeiten**
> Die Dienstzeiten
> können in verschie-
> denen Einrichtungen
> unterschiedlich sein.

1b Wie sind die Dienstzeiten in Ihrem Herkunftsland?
Sprechen Sie im Kurs.

> *Es gibt keine festen / auch feste Dienstzeiten.*

> *Der Frühdienst beginnt/endet um …*

2a Was passiert wann? Lesen Sie die Berichte und unterstreichen Sie die Aufgaben.

„Diese Woche habe ich Frühdienst. Das heißt, mein Dienst beginnt um 6 Uhr mit der Dienstübergabe vom Nachtdienst. Dann kommt die Morgenroutine: Ich helfe bei der Körperpflege, gebe Medikamente, mache die Betten und so weiter. Dazu gehört auch das Frühstück. Das gibt es bei uns zwischen 7 und 8 Uhr. Im zweiten Durchgang kontrolliere ich die Verbände, nehme die Essensbestellungen auf und organisiere Transporte zu Untersuchungen. Dann helfe ich beim Mittagessen. Um 14:30 Uhr habe ich Feierabend. Vorher kümmere ich mich noch um die Lagerung der Patienten und organisiere Kaffee und Tee."
Thomas Heinzer, Gesundheits- und Krankenpfleger

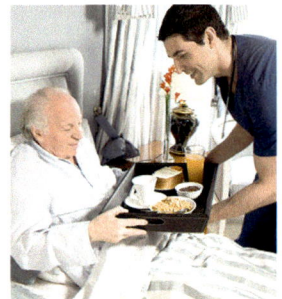

„Der Spätdienst beginnt um 14 Uhr. Zuerst versorge ich die Patienten mit Kaffee und Tee und mache eine Medikamentenrunde. Später bringe ich das Abendessen und helfe beim Zubettgehen. Ich unterstütze die Bewohner bei der Mund- und Zahnpflege und beim Waschen, richte die Betten und kümmere mich um die Lagerung, helfe beim Toilettengang oder leere die Urinflaschen. Dann gebe ich noch einmal Medikamente und überprüfe die Vitalzeichen, also den Blutdruck und den Puls. Die Dienstübergabe an den Nachtdienst ist bei uns um 22 Uhr."
Serhat Karadeniz, Altenpfleger

„Ich habe gern Nachtdienst, weil es dann auf unserer Station so ruhig ist. Zu regelmäßigen Uhrzeiten mache ich einen Kontrollgang durch die Patientenzimmer. Ich gucke, ob jemand Schlafstörungen hat, und kontrolliere die Vitalzeichen. Bei einem Notfall ist es natürlich nicht mehr so ruhig. Dann ergreife ich Notfallmaßnahmen und rufe, wenn nötig, den diensthabenden Arzt. Um 6 Uhr übergebe ich an den Frühdienst. Vorher helfe ich noch den Frühaufstehern beim Aufstehen und Ankleiden."
Mariam Sander, Gesundheits- und Krankenpflegerin

2b Nomen und Verben verbinden. Was passt? Manchmal gibt es mehrere Möglichkeiten. Schreiben Sie in Ihr Heft.

❶ Frühdienst/Spätdienst/Nachtdienst – Betten – die Verbände – Notfallmaßnahmen – beim Aufstehen und Ankleiden – bei der Körperpflege – sich um die Lagerung – Essensbestellungen – beim Zubettgehen – Transporte zu Untersuchungen – beim Mittagessen – Kaffee und Tee – beim Waschen – an den Frühdienst – die Urinflasche – das Abendessen – einen Kontrollgang – die Vitalzeichen – den diensthabenden Arzt – beim Toilettengang – eine Medikamentenrunde – die Patienten mit Kaffee und Tee – Medikamente – bei der Mund- und Zahnpflege

❷ haben – organisieren
machen – aufnehmen
ergreifen – übergeben
richten – versorgen
unterstützen – rufen
kümmern – helfen
leeren – kontrollieren
bringen – geben

Frühdienst/
Spätdienst/
Nachtdienst haben

3 Sehen Sie sich Mariams Dienstplan an und hören Sie das Gespräch mit ihrem Freund. Kreuzen Sie die richtigen Antworten an. 🔊 9

11.1.	12.1.	13.1.	14.1.	15.1.	16.1.	17.1.
FD	FD	FD	SD	SD	ND	ND

FD: Frühdienst
SD: Spätdienst
ND: Nachtdienst

1. Mariam geht am Freitag
   O *nicht ins Kino* O *ins Kino*, weil sie
   O *frei* O *Spätdienst* hat.
2. Die nächste Woche ist bei ihr
   O *sehr stressig* O *sehr ruhig*
   O *ganz normal*, weil sie O *nur Nachtdienst*
   O *alle drei Schichten in einer Woche* hat.
3. Am Samstagvormittag O *muss sie arbeiten*
   O *hat sie frei und möchte mit ihrem Freund*
   frühstücken gehen O *ist sie vielleicht sehr müde*
   und wird spontan entscheiden, was sie machen möchte.
4. Am Sonntagnachmittag O *hat sie Spätdienst*
   O *ist ihr Freund schon verabredet*
   O *möchte sie zusammen mit ihrem Freund etwas Schönes machen.*

4 Welche Vor- und Nachteile könnten die einzelnen Dienstzeiten haben? Überlegen Sie mit Ihrem Partner / Ihrer Partnerin. 💬

Von innen und außen: Der Körper

1 Wie heißen die Körperteile? Ordnen Sie zu.

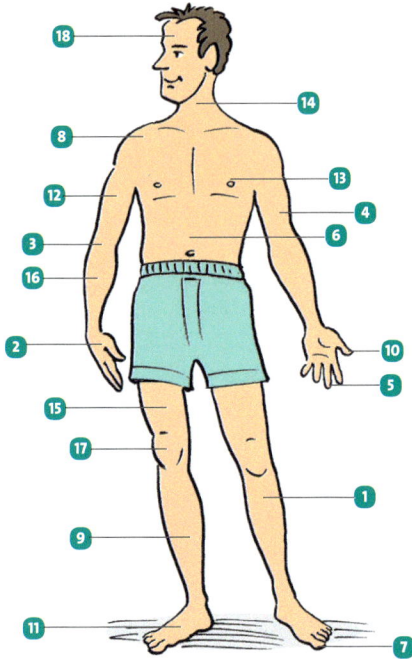

◯ der Kopf   ◯ die Brust

◯ der Hals   ◯ der Bauch

◯ die Schulter   ◯ das Bein

◯ der Arm   ◯ der Oberschenkel

◯ der Oberarm   ◯ das Knie

◯ der Ellenbogen   ◯ der Unterschenkel

◯ der Unterarm   ◯ der Fuß

◯ die Hand   ◯ der Zeh

◯ der Finger

◯ der Daumen

2 Wie heißen die Teile des Gesichts? Ordnen Sie zu.

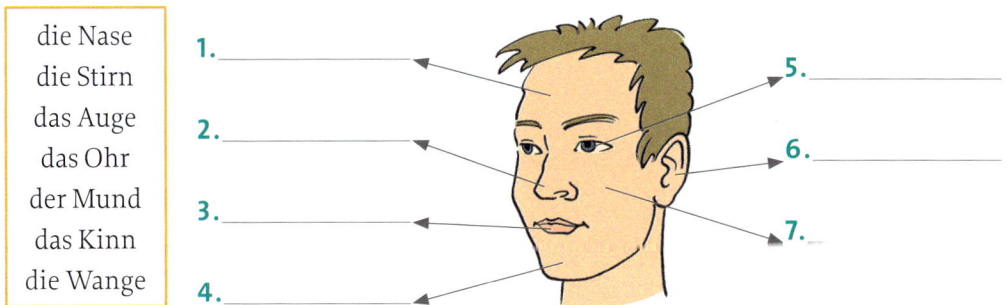

die Nase
die Stirn
das Auge
das Ohr
der Mund
das Kinn
die Wange

1. _____

2. _____

3. _____

4. _____

5. _____

6. _____

7. _____

3a Finden Sie zu zweit möglichst viele Tätigkeiten, für die man die folgenden Körperteile braucht. 🔲🔄

die Beine: *tanzen,* _____

die Arme: _____

der Mund: _____

3b Zeichnen Sie Körperteile. Ihr Partner / Ihre Partnerin rät, was Sie gezeichnet haben. 🔲🔄

4   Das menschliche Skelett. Ordnen Sie zu.

◯ der Schädel   ◯ der Oberarmknochen

◯ der Oberkiefer   ◯ die Elle

◯ der Unterkiefer   ◯ die Speiche

◯ die Halswirbelsäule   ◯ die Handwurzel

◯ das Schlüsselbein   ◯ der Oberschenkel-

◯ das Brustbein   knochen

◯ die Rippe   ◯ das Schienbein

◯ die Wirbelsäule   ◯ das Wadenbein

◯ das Kreuz- und   ◯ die Fußwurzel
     Steißbein

◯ das Becken

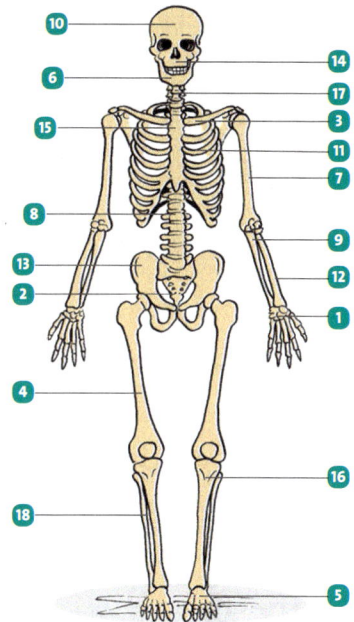

5a   Beschriften Sie die inneren Organe und ordnen Sie sie ihrer Funktion zu.

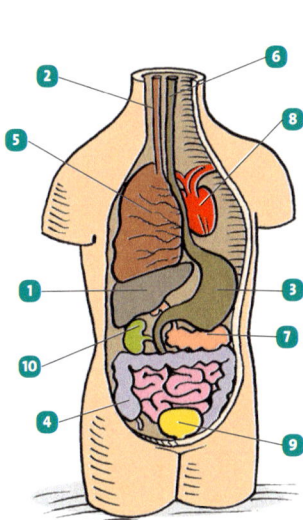

◯ das Herz   ○ — ○ speichert und mischt die Nahrung

◯ die Lunge   ○ — ○ transportiert die Nahrung vom Mund in den Magen

◯ der Magen   ○ — ○ scheidet Endprodukte des Stoffwechsels aus

◯ die Leber   ○ — ○ sammelt und speichert Harn/Urin

◯ die Speiseröhre   ○ — ○ pumpt das Blut durch den Körper

◯ der Dickdarm   ○ — ○ resorbiert Wasser und Elektrolyte, speichert den Stuhlinhalt

◯ die Niere   ○ — ○ Atmung

◯ die Harnblase   ○ — ○ bildet Verdauungsenzyme

◯ die Bauch-
     speicheldrüse   ○ — ○ baut Eiweiß, Kohlenhydrate und Fett ab, Entgiftung

◯ die Luftröhre   ○ — ○ verbindet die Nase und den Rachen mit der Lunge

5b   Erklären Sie Ihrem Partner / Ihrer Partnerin die Funktion und die Position eines Organs. Ihr Partner / Ihre Partnerin sagt Ihnen, wie das Organ heißt.

Symptome beobachten und besprechen

1a Die Beobachtung der Haut. Welche Wörter passen zu welchem Hauttyp?
Ordnen Sie zu.

> schuppig – klar – fettig glänzend – rau – rissig – unrein

fettige Haut: _____

normale Haut: _____

trockene Haut: _____

1b Welche beiden Wörter passen <u>nicht</u> zur Beschreibung von Hautbeobachtungen im
Pflegealltag? Kreuzen Sie an.

1. Hautfarbe: ○ rot ○ blass ○ blau ○ gelb ○ grau ○ orange

2. Hautspannung: ○ zu hoch ○ zu niedrig ○ normal ○ zu langsam

1c Warum ist es wichtig, auf Veränderungen der Haut zu achten?
Wofür können welche Veränderungen ein Zeichen sein?
Sprechen Sie im Kurs.

2 Die Beobachtung des Ernährungszustandes. Ordnen Sie die Sätze den Bildern zu.

1. Der Patient ist fettleibig/adipös /
hat Adipositas.

2. Der Patient hat einen
normalen Ernährungszustand.

3. Der Patient ist leicht übergewichtig /
hat leichtes Übergewicht.

4. Der Patient ist untergewichtig /
hat Untergewicht / hat einen
reduzierten Ernährungszustand.

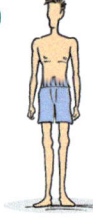

3 Die Beobachtung von Schmerzen. Welche vier Wörter benutzt man <u>nicht</u>, um
Schmerzen zu beschreiben? Kreuzen Sie an.

○ stechend ○ stark ○ chronisch ○ müde ○ heftig

○ brennend ○ akut ○ unerträglich ○ quälend ○ bohrend

○ laut ○ pochend ○ weich ○ langsam ○ dumpf

4a Zwei Pfleger im Gespräch mit einer Patientin. Ergänzen Sie den Dialog mit den Fragen. Kontrollieren Sie mit der CD. 🔊 🔟

> Wo genau tut es denn weh? – Und seit wann haben Sie diese Schmerzen? – Wann tut es denn weh? – Und haben Sie noch andere Beschwerden zusammen mit den Schmerzen? – Können Sie den Schmerz genauer beschreiben?

◖ Guten Tag, Frau Yıldırım. Sie haben Schmerzen in der Brust, ist das richtig?

◖ Ja, ich habe schreckliche Schmerzen. Wie ein Messer in meiner Brust!

◖ _____ 1

◖ Hier um das Herz und in den Lungen.

◖ _____ 2

◖ Es brennt wie Feuer, wenn ich atme! Ich denke, ich sterbe, ich kann es nicht aushalten!

◖ Hm, gut, Frau Yıldırım. _____

_____ 3

◖ Immer! Tag und Nacht. Es hört nie auf. Ich halte das nicht mehr aus!

◖ _____ 4

◖ Seit drei Tagen, seit Mittwochabend.

◖ _____

_____ 5

◖ Ja, mir ist so schrecklich übel! Ich denke, jemand tritt mir immer wieder in den Bauch oder ich habe etwas Giftiges gegessen. Ich kann auch seit drei Tagen nichts mehr essen. Ich möchte am liebsten sterben, wenn alles so wehtut.

◖ Gut, Frau Yıldırım. Ich werde mit dem Arzt sprechen.

(Die Pfleger verlassen den Raum und reden weiter.)

◖ Ach, die übertreibt doch, meinst du nicht?

◖ Wie kommst du denn darauf? Du weißt doch, dass Schmerzen in anderen Kulturen oft anders gezeigt werden als bei uns! Das heißt nicht, dass wir ihre Schmerzen nicht ernst nehmen müssen!

◖ Naja, stimmt. Wahrscheinlich hast du recht.

ℹ Kultursensible Pflege

Wenn Pflegekräfte und Pflegebedürftige aus unterschiedlichen Kulturen kommen, kann es Missverständnisse und Probleme geben.
Die Art, wie man Schmerzen beschreibt, ist zum Beispiel nicht in allen Kulturen gleich. Starke Schmerzäußerungen sollte man nicht als Übertreibung interpretieren.
Wenn man bei der Pflege die Kultur des Menschen mit beachtet, spricht man von „kultursensibler Pflege". Dafür gibt es kein allgemeines Rezept. Man braucht soziale und interkulturelle Kompetenz, Respekt und Mitgefühl/Empathie.

4b Wie verhalten sich Menschen mit Schmerzen in Ihrem Herkunftsland? Sprechen Sie im Kurs.

Mit den Pflegebedürftigen sprechen

1   Ordnen Sie die Tätigkeiten den Bildern zu.

> **1.** Frühstück bringen – **2.** Blutdruck messen – **3.** beim Waschen helfen

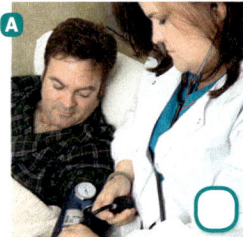

2   Hören Sie die Dialoge und ergänzen Sie. Kontrollieren Sie mit der CD. 🔊⟫ 11–13

1. ◖ Hier, bitte, Frau Schröder, Ihre Zahnbürste.

   ◖ Danke. _____ ¹noch einen feuchten Waschlappen _____ ²?

   ◖ Natürlich, bitte schön. Und hier ist auch Ihr Handtuch. _____ ³Ihnen

   später noch die Haare _____ ⁴?

2. ◖ _____ ⁵messe ich Ihren Blutdruck. _____ ⁶Ihren linken

   Arm _____ ⁷? _____ ⁸Sie nicht, das Gerät ist sehr kalt.
   ◖ Und was machen Sie dann noch, Schwester?

   ◖ _____ ⁹gebe ich Ihnen noch eine Spritze als Thromboseprophy-

   laxe. Das piekt nur kurz, aber _____ ¹⁰.

   _____ ¹¹!

3. ◖ Guten Morgen, Frau Meierhof, _____ ¹²?
   ◖ Ach, ich habe nicht so gut geschlafen, ich hatte die ganze Nacht Rückenschmerzen.

   ◖ _____ ¹³. Wenn die Schmerzen zu groß werden, dann

   fragen Sie nach einer Schmerztablette! _____ ¹⁴
   jetzt Ihr Frühstück.
   ◖ Danke, das ist schön. Oh, kann ich noch etwas Müsli bekommen?

   ◖ Ja, natürlich. Das bringe ich Ihnen gleich. _____ ¹⁵
   vielleicht noch Saft?
   ◖ Nein, danke. Aber könnte ich vielleicht einen Kakao bekommen?

3 Ordnen Sie die Sätze und Fragen den verschiedenen Bereichen zu.

1. fragen, wie es jemandem geht
2. Hilfe anbieten / nach Wünschen fragen
3. auf Bitten um Hilfe / Wünsche reagieren
4. sagen, was jemand machen soll
5. etwas erklären
6. Angst nehmen / trösten

2 **a** Soll ich Ihnen später noch die Haare machen? ◯ **b** Machen Sie sich keine Sorgen! ◯ **c** Zuerst messe ich Ihren Blutdruck. ◯ **d** Möchten Sie sonst noch etwas? ◯ **e** Würden Sie bitte Ihren linken Arm freimachen? ◯ **f** Wie fühlen Sie sich? ◯ **g** Erschrecken Sie nicht. ◯ **h** Es tut nicht weh. ◯ **i** Wie haben Sie geschlafen? ◯ **j** Das tut mir leid. ◯ **k** Wie geht es Ihnen heute? ◯ **l** Möchten Sie vielleicht noch Saft? ◯ **m** Ja, natürlich. Das bringe ich Ihnen gleich.

4 Spielen Sie zu zweit Dialoge zu den Situationen auf den Bildern. 📱📖

RM

1. Aufwecken

2. beim Essen helfen

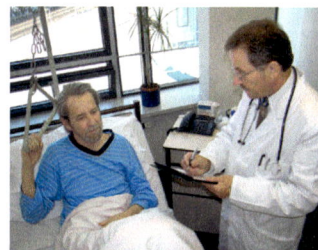

3. über Schmerzen sprechen

Der Patient/Bewohner:

◖ Mir geht es ◖ Ich fühle mich	gut. schlecht. besser/schlechter als	gestern / vor der Operation.
◖ Ich habe	Hunger/Durst / Schmerzen in ... gut/schlecht Angst vor	geschlafen/geträumt. der Operation/Untersuchung.
◖ Ich	brauche/möchte / hätte gern	Schmerztabletten / einen Tee.
◖ Könnten Sie mir	beim Anziehen/Waschen/Essen die Zeitung / das Handtuch das Bett / den Verband	helfen / behilflich sein? geben/reichen? machen?

Essen und Trinken

1a   Lesen Sie den Text und ordnen Sie die Zwischenüberschriften zu.

A   Ärztlich verordnete Kostformen   B   Essen: mehr als die Versorgung mit Energie
C   Persönliche Vorlieben   D   Kulturelle/religiöse Gewohnheiten

Man ist, was man isst.

◯   Was haben Sie als Kind am liebsten gegessen? Welche Lebensmittel aus Ihrer Heimat vermissen Sie in Deutschland? Was mögen Sie gar nicht? Wovor ekeln Sie sich? – Beim Essen und Trinken versorgen wir nicht nur den Körper mit Energie.
5   Ernährungsgewohnheiten sind Teil unserer kulturellen Identität und unserer Persönlichkeit.

◯   Über Geschmack lässt sich nicht streiten, sagt man in Deutschland: Jedem Menschen schmeckt anderes Essen und jeder findet andere Sachen ungenießbar. Manche Menschen essen kein Fleisch oder überhaupt keine tierischen Produkte.
10   Man spricht von Vegetariern und Veganern. In der Arbeit mit pflegebedürftigen Menschen ist es sehr wichtig, dass man weiß, was ein Patient/Bewohner mag und was er überhaupt nicht essen möchte.

◯   Auch Kultur und Religion spielen für die Ernährung eine wichtige Rolle. In vielen Religionen ist zum Beispiel Schweinefleisch verboten. Man sollte sich über den
15   Hintergrund der Patienten/Bewohner informieren.

◯   Oft muss man in der Pflege auch ärztlich verordnetes Essen (man sagt auch: Kostformen) beachten. Das sind beispielsweise pürierte und flüssige Kost für Menschen mit Schwierigkeiten beim Kauen und Schlucken. Wenn ein Patient/Bewohner alles essen darf, spricht man von Vollkost.

1b   Ergänzen Sie die Sätze mit Hilfe des Textes.

1. Beim Essen und Trinken versorgen wir nicht nur den Körper mit _____[1].

2. _____[2] oder _____[3] essen kein Fleisch oder überhaupt keine tierischen Produkte.

3. In vielen Religionen ist es verboten, _____[4] zu essen.

4. Menschen, die nicht richtig kauen oder schlucken können, bekommen

   _____[5] oder _____[6] Kost.

2   Was isst man in Ihrem Herkunftsland (nicht)? Was essen Sie persönlich gern und was mögen Sie überhaupt nicht? Interviewen Sie sich gegenseitig.

3a Hören Sie die Dialoge. Kreuzen Sie die richtigen Aussagen an. 🔊 14–16

1. Frau Siebert bestellt zum Mittagessen Bohneneintopf. ⭕
   Dazu möchte sie gern einen kleinen Salat. ⭕
   Zum Nachtisch nimmt sie Kartoffelpuffer mit Zucker. ⭕
2. Herr Arslan isst kein Schweinefleisch, weil er Moslem ist. ⭕
   Herrn Arslan ist türkisches Essen nicht wichtig. ⭕
   Herr Arslan vermisst die Küche seiner Heimat sehr. ⭕
3. Es gibt keine ärztlichen Anordnungen für den Patienten. ⭕
   Der Patient darf nur wenig Fett essen. ⭕
   Es ist wichtig, dass der Patient sein Gewicht reduziert. ⭕

> **Tipp**
> Die Religion sagt nicht automatisch etwas über die Essgewohnheiten aus. Fragen Sie am besten nach.

3b Ergänzen Sie die Lücken. Hören Sie die Dialoge 1 und 3 zum Vergleich. 🔊 14+16

> Haben Sie sonst noch einen Wunsch – Gern – aber die Ärztin hat für Sie fettarme Kost angeordnet – Möchten Sie dazu – Haben Sie sich von der Speisekarte etwas ausgesucht – Und was möchten Sie zum Nachtisch – also einmal Bohneneintopf

1. ◖ Guten Morgen, Frau Siebert. Ich nehme die Bestellung für das Mittagessen auf.

   _____ [1]?

   ◗ Ja, guten Morgen, Schwester Ayşe. ... ich nehme den Bohneneintopf. Das hört sich gut an.

   ◗ _____ [2], Frau Siebert, _____ [3].

   _____ [4] einen kleinen Salat?

   ◗ Ach nein, danke. Ich mag dieses Grünzeug nicht!

   ◖ Gut, also keinen Salat. _____ [5]?

   ◗ Da nehme ich bitte das Vanilleeis mit heißen Himbeeren.

   ◖ Ist notiert, Frau Siebert. _____ [6]?

   ◗ Nein, damit bin ich zufrieden.

2. ◗ Hallo, Schwester! Könnte ich bitte noch ein Stück Butter zu meinem Brot bekommen?

   ◖ Es tut mir leid, Herr Berger, _____ [7].

   ◗ Aber das schmeckt doch so nicht! Das ist ja so trocken ohne Butter!

   ◖ Ja, Herr Berger, ich kann Sie gut verstehen. Wegen Ihrer Herzkrankheit ist es aber wichtig, dass Sie wenig Fett essen und Ihr Gewicht reduzieren.

4 Schreiben Sie zu zweit ähnliche Dialoge. Spielen Sie sie im Kurs vor. 💬🗣

RM

10

Interesse für den Menschen zeigen

1a Gespräche mit Pflegebedürftigen. Hören Sie die Dialoge. Welcher Dialog passt?
Ordnen Sie zu. 🔊 17–20

1b Ergänzen Sie die Dialoge mit den Sätzen aus dem Kasten. Hören Sie die Dialoge 1
und 2 noch einmal zum Vergleich. 🔊 17–18

> Das hört sich aber sehr interessant an – Treiben Sie noch mehr Sport –
> Haben Sie noch mehr Kinder – Und was macht Ihre Tochter beruflich –
> Was ist denn Ihr Lieblingsverein – Ist das Ihre Tochter

1. ◖ Guten Morgen, Herr Schulz. Könnten Sie bitte kurz aufstehen, ich möchte Ihnen
gern das Bett machen.
   ◗ Ja, natürlich, sofort.
   ◖ Das Mädchen auf dem Foto ist aber hübsch. _____ [1]?
   ◗ Ja, das ist Maja. Sie ist gestern neun Jahre alt geworden.

   ◖ Oh, das ist aber schön. _____ [2]?
   ◗ Ja, meine älteste Tochter ist schon erwachsen. Und mein Sohn ist erst drei.

   ◖ _____ [3]?
   ◖ Sie arbeitet in der Stadtbücherei und kümmert sich um die Kinderbücher.

   ◖ _____ [4]!

2. ◖ Herr Bauer, möchten Sie sich heute am Waschbecken waschen?
   ◗ Ja, gern. Was für ein schönes Winterwetter, nicht wahr?
   ◖ Ja, heute ist es wirklich eiskalt und ich glaube, es hat die ganze Nacht geschneit.
   ◗ Wie schön! Ich fahre so gern Ski.

   ◖ Ja, das ist ein schöner Sport. _____ [5]?
   ◗ Nein, nicht aktiv. Aber früher habe ich Fußball gespielt und das interessiert mich
   immer noch sehr!

   ◖ _____ [6]?

2 Welche Fragen und Sätze gehören zu welchem Thema? Ordnen Sie zu.

A Familie/Kinder   **B** Hobbys/Interessen   **C** Beruf   **D** Wetter

Interessieren Sie sich auch für Sport?

Haben Sie gern als Buchhändler gearbeitet?

Heute ist es ja richtig warm!

Spielen Sie ein Instrument?

Und was genau haben Sie als Reiseleiter gemacht?

Welche Musik hören Sie gern?

Wohin fahren Sie denn gern in den Urlaub?

Was studiert denn Ihre Enkelin?

Was für eine furchtbare Kälte, nicht wahr?

Welchen Schauspieler mögen Sie am liebsten?

Und macht Ihnen die Arbeit Spaß?

Stricken Sie den Pullover für Ihren Enkel?

3 Wählen Sie zu zweit eine Situation aus und schreiben Sie einen Dialog.
RM   Spielen Sie ihn im Kurs vor.

Situation 1: Sie helfen einer Bewohnerin des Seniorenheims beim Waschen. Sie erzählt, dass ihre Tochter später zu Besuch kommt. Fragen Sie nach ihrer Familie.

Situation 2: Sie helfen einem Patienten im Krankenhaus beim Essen. Fragen Sie nach dem Buch auf seinem Tisch und sprechen Sie mit ihm über seine Interessen.

Situation 3: Sie sehen in der Wohnung eines Pflegeempfängers ein Foto von ihm mit seinen Kollegen. Sprechen Sie mit ihm über seinen früheren Beruf.

> **i**
> **Biografiearbeit**
> Biografische Informationen sind in der Pflege wichtig. Besonders in der Pflege von Demenzpatienten arbeitet man mit Erinnerungen. Fotos sind eine gute Möglichkeit, um Menschen zum Erzählen zu motivieren.

4 Gibt es Themen, über die man mit Patienten/Bewohnern besser nicht sprechen sollte? Warum oder warum nicht? Diskutieren Sie im Kurs.

Auf Klagen und Beschwerden reagieren

1a   Wie reagieren die Pflegekräfte auf Beschwerden? Hören Sie drei Dialoge.
Kreuzen Sie die passenden Sätze an. 🔊))) 21–23

1. a ⭘ Der Pfleger fragt genau nach, wo das Problem liegt.
   b ⭘ Der Pfleger beruhigt den Pflegebedürftigen.
   c ⭘ Der Pfleger sagt, dass die Kritik nicht richtig sein kann.
2. a ⭘ Der Pfleger akzeptiert die Kritik und entschuldigt sich für das Essen.
   b ⭘ Der Pfleger akzeptiert die Kritik.
   c ⭘ Der Pfleger bietet eine Lösung für das Problem an.
3. a ⭘ Die Pflegerin sagt, dass die Kritik nicht richtig sein kann, und geht.
   b ⭘ Die Pflegerin fragt nach dem Problem und den Wünschen der Patientin.
   c ⭘ Die Pflegerin erklärt die Situation. Sie verspricht, an einer Lösung zu arbeiten.

1b   Welche Reaktion finden Sie gut, welche nicht? Warum? Sprechen Sie im Kurs.

2a   Passende Reaktionen auf Beschwerden sind wichtig und nicht immer einfach.
Ordnen Sie die Sätze und Fragen den Absichten zu.

1. Aktives Zuhören   **2.** Verständnis zeigen
3. eine Lösung suchen   **4.** die Situation erklären

a ⭘ Ich verstehe, dass Ihnen das nicht gefällt.

b ⭘ Wäre es Ihnen recht, wenn ...?

c ⭘ Es ist bei uns so, dass ...

d ⭘ Was genau stört Sie denn?

e ⭘ Habe ich Sie richtig verstanden, dass ...?

f ⭘ Natürlich, ich kann Ihren Ärger /
      Ihre Sorgen verstehen.

g ⭘ Möchten Sie damit sagen, dass ...?

h ⭘ Das können wir leider nicht ändern, weil ...

i ⭘ Was halten Sie davon, wenn ich ...?

j ⭘ Ich habe den Eindruck, dass Sie unzufrieden sind /
      sich Sorgen machen, weil ...

k ⭘ Möchten Sie lieber, dass ... ?

> ℹ️ **Aktives Zuhören**
> – sich Zeit für das Gespräch
>   nehmen
> – den Blickkontakt halten
> – nachfragen
> – konzentriert zuhören
> – die Gefühle des Anderen
>   erkennen und ansprechen
> – nicht unterbrechen
> – dem Menschen offen und
>   positiv begegnen
> – Mitgefühl/Empathie
>   ausdrücken

2b Hören Sie die Dialoge 2 und 3 aus Aufgabe 1 noch einmal. Sammeln Sie weitere Fragen und Sätze, mit denen man auf Beschwerden reagieren kann. 🔊 22–23

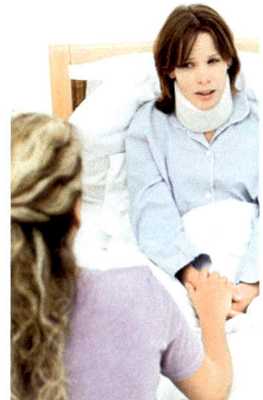

_____

_____

_____

_____

_____

_____

3 Einfache Beschwerden. Wie reagieren Sie? Ordnen Sie zu.

1. „Mein Handtuch ist noch ganz nass, ich brauche ein neues."
2. „Mir ist kalt."
3. „In meinem Zimmer ist die Luft schlecht und ich kann kaum atmen."
4. „Der Fernseher ist kaputt, er geht nicht mehr an."
5. „Es gibt kein Toilettenpapier mehr."
6. „Ich habe das falsche Essen bekommen, ich bin Vegetarierin!"
7. „Der Kaffee ist wirklich ungenießbar!"

A „Oh, das dauert einen Moment. Ich schicke Ihnen einen Techniker."
B „Entschuldigen Sie bitte, Sie bekommen sofort etwas anderes zu essen."
C „Einen Augenblick, ich bringe Ihnen gern ein trockenes Handtuch."
D „Es gibt leider keinen anderen bei uns. Möchten Sie stattdessen einen Tee?"
E „Möchten Sie, dass ich das Fenster schließe und die Heizung anstelle?"
F „Einen Moment, bitte. Ich bringe Ihnen sofort welches."
G „Ich öffne kurz das Fenster und lasse Ihnen frische Luft herein."

1. _____ 2. _____ 3. _____ 4. _____ 5. _____ 6. _____ 7. _____

4a
RM
Sehen Sie sich die Bilder an. Formulieren Sie zu zweit Beschwerden und reagieren Sie darauf. 👤💬

4b
RM
Überlegen Sie sich weitere Beschwerden und spielen Sie Dialoge. 👤💬

Mit den Angehörigen sprechen

1 Ein Gespräch im Krankenhaus. Was fragt und antwortet die Angehörige? Ordnen Sie zu. Kontrollieren Sie mit der CD. 🔊 24

Pflegerin:

1. Kann ich Ihnen helfen?

2. Ihrem Vater geht es gut, aber er schläft noch.

3. Die Operation ist gut verlaufen.

4. Das kann ich Ihnen leider nicht sagen. Da müssen Sic direkt mit dem behandelnden Arzt, Doktor Rode, sprechen.

5. Leider ist er im Moment nicht zu sprechen. Sie können aber hier auf ihn warten. Ich informiere ihn.

Angehörige:

a ( ) Gut, danke. Dann warte ich hier.

b ( ) Was genau wurde denn bei der Operation gemacht?

c (1) Guten Tag, Bergmann mein Name. Mein Vater wurde heute operiert. Ich wüsste gern, wie es ihm geht.

d ( ) Wie war denn die Operation?

e ( ) Oh. Könnten Sie ihn vielleicht holen?

2a Gespräche und Anrufe im Krankenhaus. Worum geht es? Hören Sie die Dialoge und verbinden Sie. 🔊 25–27

Dialog:
Dialog 1 o
Dialog 2 o
Dialog 3 o

Thema:
o **A** Wünsche der Heimbewohnerin und Veränderungen im Heim
o **B** Brief für den Hausarzt
o **C** Besuch und Frage nach der Diagnose

2b Hören Sie die Dialoge noch einmal und ergänzen Sie die Tabelle. 🔊 25–27

	Name des Patienten/Bewohners	Beziehung des Gesprächspartners zum Patienten/Bewohner
Dialog 1		Schwiegersohn
Dialog 2		
Dialog 3		

2c Welche Informationen geben die Pflegenden in den Dialogen 1 und 3 nicht weiter? Warum nicht? Überlegen Sie gemeinsam im Kurs.

3a Was wissen Sie über die Schweigepflicht in Ihrem Herkunftsland? Sprechen Sie im Kurs.

3b Kreuzen Sie die richtigen Aussagen zur Schweigepflicht in Deutschland an.

○ Die Pflegekraft darf Freunden des Patienten die Diagnose sagen.

○ Die Pflegekraft darf der Familie sagen, wie lange der Patient noch leben wird.

○ Die Pflegekraft darf ohne das Einverständnis des Patienten keine Informationen an Angehörige und Freunde weitergeben.

○ Die Pflegekraft darf behandelnden Ärzten Informationen geben.

○ Nach dem Tod des Pflegebedürftigen darf die Pflegekraft seine Daten weitergeben.

○ Die Schweigepflicht ist Ehrensache. Juristisch ist sie nicht wichtig.

> **ℹ**
>
> **Schweigepflicht in Deutschland**
> Angehörige und Freunde des Pflegebedürftigen fragen oft nach Details. Das Pflegepersonal darf aber bestimmte Informationen ohne das Einverständnis des Patienten nicht weitergeben. Dazu gehören der Name, dass die Person in Behandlung ist, Informationen über Krankheit, Diagnose, Therapie, Informationen über die wirtschaftliche, berufliche, private Situation. Die Pflegekräfte machen sich strafbar, wenn sie die Schweigepflicht brechen. Die Schweigepflicht gilt auch noch nach dem Tod des Pflegebedürftigen. Personen, die an der Pflege und Therapie beteiligt sind, dürfen die Informationen untereinander weitergeben, wenn es für die Behandlung und Pflege wichtig ist.

4 Schreiben Sie einen Dialog zu einer Situation. Spielen Sie ihn im Kurs. 🗨💬

RM

1. Die Schwester einer Patientin möchte alles über die Diagnose wissen. Sie wissen, dass die Patientin das nicht möchte. Erklären Sie das höflich.
2. Eine Bewohnerin im Seniorenheim bekommt immer weniger Besuch von ihren erwachsenen Kindern und wirkt traurig. Sprechen Sie mit den Angehörigen.
3. Sie möchten mehr über die Wünsche eines Heimbewohners erfahren, weil er nur sehr wenig spricht. Fragen Sie die Angehörigen.

◀ Es tut mir leid,	das kann ich Ihnen leider nicht sagen. darüber darf ich keine Auskunft geben.
◀ Vielleicht möchten Sie	mit dem behandelnden Arzt sprechen? mit Ihrer Schwester selbst sprechen?
◀ Ich habe gemerkt, dass	Ihre Mutter nicht mehr … ich sehr wenig über Ihren Vater weiß.
◀ Ich denke,	es wäre gut, wenn Sie … es würde Ihrer Mutter helfen, wenn Sie …
◀ Vielleicht könnten Sie	mir etwas über die Vorlieben Ihres Vaters erzählen? mir helfen, Ihren Vater besser zu verstehen?

5 Welche Gefühle erwarten Sie bei Angehörigen von pflegebedürftigen Menschen? Was finden Sie wichtig im Gespräch mit ihnen? Sprechen Sie im Kurs.

Die Dienstübergabe

1a Finden Sie für jede Form der Dienstübergabe das passende Bild. Ordnen Sie dann die Beschreibungen unten zu.

A mündliche Übergabe   **B** schriftliche Übergabe   **C** Übergabe am Bett

1. ◯ findet im Dienstzimmer/Schwesternzimmer statt

2. ◯ findet am Bett des Patienten / der Patientin statt

3. ◯ macht jeder für sich allein

4. ◯ manche Dinge können so besonders gut erklärt werden, weil der Patient / die Patientin dabei ist

5. ◯ kann das direkte Gespräch nicht ersetzen, aber kürzer machen

> **i** Die drei Formen der Dienstübergabe gibt es einzeln oder kombiniert. Ein direktes Gespräch gibt es aber immer, auch wenn man viel schriftlich dokumentiert.

1b Welche Vor- und Nachteile haben die verschiedenen Formen der Dienstübergabe? Sprechen Sie im Kurs.

2 Wer kann an der Dienstübergabe im Dienstzimmer teilnehmen? Kreuzen Sie an.

○ Pflegerinnen und Pfleger
○ Angehörige der Patienten
○ Auszubildende, Schülerinnen/Schüler
○ Aushilfen/Stationshilfen

○ Pflegehelferinnen und Pflegehelfer
○ behandelnde Ärzte/Therapeuten
○ Praktikantinnen/Praktikanten
○ die Patienten

3 Welche Themen gehören in die Übergabe? Hören Sie und notieren Sie. 🔊)) 28̲

A Organisatorisches

1. _____

2. _____

3. _____

4. _____

B Informationen über Patientinnen/Patienten

1. _____

2. _____

3. _____

4. _____

5. _____

4 Dienstübergabe: Ergänzen Sie den Dialog mit den Fragen und Satzanfängen aus dem Kasten. Kontrollieren Sie mit der CD. 🔊 29

> Sein Allgemeinzustand ist – fängst du an – Herr Lorenz hatte heute Besuch von seiner Frau – Gibt es noch etwas Organisatorisches – Dann kommen wir jetzt zu – Gibt es noch Fragen zu Herrn Lorenz – Er kann – Ich beginne mit – Wer kann am Samstag ihre Frühschicht übernehmen – ~~Wir fangen mit dem Organisatorischen an~~ – Er braucht aber Hilfe beim

◖ *Wir fangen mit dem Organisatorischen an.* [1]. Es gibt Änderungen im Dienstplan, weil Marion leider krank ist. _____

_____ [2]?

◖ Das kann ich machen.

◖ Prima, dann haben wir das Problem schon gelöst. _____

_____ [3]?

◖ Ja. Wir müssen neues Verbandsmaterial bestellen und Thrombosestrümpfe brauchen wir auch.

◖ Gut. Ich übernehme das.

◖ _____ [4] unseren Patientinnen und Patienten.

Sascha, _____ [5]?

◖ Mach ich. _____ [6] Herrn Lorenz aus Zimmer 211.

_____ [7] stabil, das Fieber ist heute Nacht gesunken.

_____ [8] wieder allein aufstehen und wird heute Mittag schon wieder

im Essraum essen. _____ [9] An- und Auskleiden sowie beim Waschen. Die behandelnde Ärztin, Frau Hofstedt, hat weiterhin fiebersenkende Medikamente angeordnet, die wir zweimal täglich geben sollen.

_____ [10]. Nach ihren Besuchen geht es ihm immer sehr gut. Wenn er allein ist, liest er viel Zeitung.

◖ Danke, Sascha. _____ [11]? Nein?
Dann machen wir weiter mit Frau Härtling. Machst du das bitte, Aischa?

5 Haben Sie schon Erfahrungen mit der Dienstübergabe? Wenn ja: Welche Form wurde benutzt? Wer nahm teil? Welche Themen wurden in welcher Reihenfolge besprochen? Sprechen Sie im Kurs.

Im Gespräch mit Kolleginnen und Kollegen

1a Eine Krankenpflegerin und eine Pflegeassistentin sprechen über einen Patienten. Hören Sie den Dialog und kreuzen Sie die richtigen Aussagen an. 🔊 30

1. ◯ Die Krankenpflegerin berichtet von einem Patienten.
2. ◯ Bei der Pflege dieses Patienten gibt es keine Probleme.
3. ◯ Der Patient hat einen Dekubitus.
4. ◯ Der Patient leidet an schwerer Herzinsuffizienz.
5. ◯ Der Patient ist psychisch sehr instabil.
6. ◯ Bei der Pflege des Patienten muss man auf nichts Besonderes achten.
7. ◯ Der Patient bekommt verschiedene Medikamente.
8. ◯ Der Patient muss strikte Bettruhe einhalten.
9. ◯ Das Pflegebett hat eine extra Einstellung für die Herzbettlage.

1b Die Pflegeassistentin hat viele Fragen. Welche Formulierungen benutzt sie? Hören Sie noch einmal und kreuzen Sie an. 🔊 30

1. ◯ Kannst du mir das bitte noch einmal erklären?
2. ◯ Was bedeutet ... für die Lagerung?
3. ◯ Kannst du das bitte wiederholen?
4. ◯ Heißt das, dass ...?
5. ◯ Ist das der neue Patient, der ...?
6. ◯ Kannst du mir das Wort ... erklären?
7. ◯ Was genau heißt ...?
8. ◯ Wie funktioniert ...?
9. ◯ Welche Medikamente bekommt der Patient?
10. ◯ Bedeutet das, dass ...?

2a Denken Sie sich ein Patientenbeispiel aus. Beantworten Sie dabei folgende Fragen.

– Woran leidet der Patient / die Patientin?
– Was hat der Arzt / die Ärztin angeordnet?
– Muss der Patient / die Patientin Medikamente nehmen?
– Worauf muss man bei der Pflege achten?
– Welche Pflegeprobleme gibt es?
– Was muss man bei der Lagerung beachten?
– Wie ist der psychische Zustand des Patienten / der Patientin?

2b
RM
Arbeiten Sie zu zweit. Berichten Sie von Ihrem Patienten / Ihrer Patientin. Ihr Partner / Ihre Partnerin stellt Fragen. Wechseln Sie dann die Rollen.

3a Hören Sie das Gespräch zwischen zwei Krankenpflegerinnen. Ergänzen Sie die Lücken. 🔊 3̅1̅

◖ Hallo, Mascha, _____[1]?

◖ Hallo, Aischa, schön dich zu sehen! _____[2]. Und dir? Du siehst ein bisschen müde aus.

◖ Ja. Eigentlich bin ich total fertig.

◖ Oh, _____[3]. Was ist denn los?

◖ Ach. Ich weiß gar nicht. Aber die Arbeit ist mir im Moment zu viel. Ich denke eigentlich an nichts anderes mehr und nachts kann ich nicht mehr schlafen.

◖ Das hört sich aber nicht gut an. Machst du denn noch etwas anderes als arbeiten? _____[4]? Oder gehst du _____[5]?

◖ Nein, dafür habe ich gar keine Zeit.

◖ _____[6], dass du dich nicht nur mit der Arbeit beschäftigst. Man braucht auch einen Ausgleich.

◖ _____[7], ein Ausgleich?

◖ Das ist etwas, was dir Spaß macht und dich auf andere Gedanken bringt. Man muss sich ja auch mal entspannen und erholen.

◖ Ja, da hast du sicher recht. Aber _____[8], wie ich das machen kann. Ich kenne auch noch nicht viele Leute hier in der Stadt.

◖ Hm, also ich gehe einmal die Woche abends schwimmen, wenn ich keine Spät-schicht habe. Du kannst gern mal mitkommen, wenn du Lust hast. _____ _____[9].

◖ Au ja, das ist sehr nett von dir. _____[10]!

3b Was machen Sie gern nach der Arbeit? Welche Möglichkeiten haben Sie, um sich von der Arbeit zu erholen? Sprechen Sie im Kurs.

4a Smalltalk ist wichtig, um mit Menschen in Kontakt zu kommen. Welche Themen sind gut dafür? Welche Themen finden Sie nicht so gut? Welche Themen sind in Ihrem Herkunftsland tabu?

gute Themen	nicht so gute Themen	tabu
Hobbys		

4b Vergleichen und diskutieren Sie im Kurs.

Mit Ärzten und anderen Berufsgruppen sprechen

1a Gespräche mit Ärzten und Ärztinnen sind oft auf einem hohen fachlichen Niveau. Was sagen Sie, wenn Sie etwas nicht verstehen? Kreuzen Sie die fünf besten Möglichkeiten an.

- ⃝ Erklär mir das bitte noch mal!
- ⃝ Ich habe Sie leider nicht verstanden.
- ⃝ Bitte erklären Sie mir ...
- ⃝ Was soll das denn heißen?
- ⃝ Was genau bedeutet ...?

- ⃝ Könnten Sie das bitte wiederholen?
- ⃝ Ich verstehe kein Wort!
- ⃝ Sprechen Sie bitte etwas langsamer.
- ⃝ Was hast du gesagt?
- ⃝ Das versteht doch kein Mensch!

1b
RM
Decken Sie eine der Karten ab, Ihr Partner / Ihre Partnerin deckt die andere Karte ab. Lesen Sie einen Satz. Ihr Partner / Ihre Partnerin fragt nach und Sie erklären. Tauschen Sie die Rollen.

„Herr Peters ist stark adipös."
Erklärung: Er hat starkes Übergewicht.

„Bei Frau Jesper spielt die Mobilisation eine wichtige Rolle."
Erklärung: Es ist wichtig, dass Frau Jesper sich viel bewegt. Wenn sie das allein nicht kann, müssen wir sie bewegen.

Was genau bedeutet ... ?

„Frau Seifert hat eine Schlüsselbeinfraktur."
Erklärung: Sie hat sich das Schlüsselbein gebrochen.

„Frau Jesper hat Kontrakturen in den Schultern und Zehen."
Erklärung: Sie kann die Schultern und Zehen nicht mehr richtig bewegen. Die Gelenke sind steif und die Muskeln sind verkürzt.

2a Zu wem sagen Sie „du", zu wem „Sie"? Sammeln Sie Beispiele.

du: *zu Freunden,* _____

Sie: _____

2b Welche Erfahrungen haben Sie mit dem Duzen und Siezen in Deutschland gemacht? Wie funktioniert das in Ihrem Herkunftsland? Sprechen Sie im Kurs.

ℹ

Duzen und Siezen in Deutschland
- Im Berufsleben bietet die Person das Du an, die in der Hierarchie höher steht.
- Wenn eine Person mich duzt, darf ich sie auch duzen.
- Wenn eine Person sich mit dem Vornamen vorstellt, heißt das meistens, dass wir uns duzen.
- Patienten/Patientinnen und Pflegekräfte siezen sich. Patienten sprechen aber Krankenpflegerinnen und Krankenpfleger oft mit dem Vornamen + Sie an.

Wenn Sie unsicher sind, was richtig ist, fragen Sie nach: „Ich bin mir nicht sicher: Duzen wir uns eigentlich?"

3a Fallbesprechung. Ergänzen Sie den Dialog zwischen einer Physiotherapeutin und einer Altenpflegeassistentin. Kontrollieren Sie mit der CD. 🔊 32

> was könnten wir tun – Heißt das, dass – Woran liegt das denn –
> Was muss ich bei der Lagerung beachten – Gut, dann weiß ich jetzt, was ich
> tun kann – Können Sie mir das Wort „Schonhaltung" bitte erklären –
> Welche Möglichkeiten haben wir noch

◀ Frau Jesper hat ein sehr hohes Risiko für Kontrakturen. Sie hat schon leichte Kontrakturen in den Schultern und in den Zehen.

> **Die Fallbesprechung**
> In einer Fallbesprechung geht es immer nur um einen Pflegebedürftigen / eine Pflegebedürftige. Es werden alle wichtigen Fragen zu ihm/ihr besprochen. Oft nehmen Menschen aus verschiedenen Berufsgruppen an der Fallbesprechung teil.

◀ _____¹?

◀ Das liegt daran, dass sie sich nur noch sehr schlecht selbst bewegen kann. Außerdem hat sie starke Rückenschmerzen und liegt deshalb oft in einer Schonhaltung im Bett.

◀ _____²?

◀ Ja, natürlich. Das heißt, die Patientin bewegt sich nicht mehr normal, sondern sie vermeidet bestimmte Bewegungen, damit sie keine Schmerzen hat.

◀ Ach so. Und _____³, um Kontrakturen bei Frau Jesper zu vermeiden?

◀ Die beste Möglichkeit ist Mobilisation. Alle Bewegungen, die Frau Jesper noch allein machen kann, soll sie auch allein machen. Sie kann sich zum Beispiel ... Diese Dinge sollte sie auf jeden Fall jeden Tag allein tun.

◀ Ja, wir helfen ihr nur, wenn es nicht anders geht. _____

_____⁴?

◀ Es ist wichtig, dass die Schmerztherapie bei Frau Jesper intensiver wird.

◀ _____⁵ sie Medikamente gegen die Rückenschmerzen bekommt, damit sie nicht mehr die Schonhaltung benutzt?

◀ Zum Beispiel. Medikamente sind eine Möglichkeit, Massagen oder Bewegungsübungen eine andere.

◀ _____⁶?

◀ Hängen Sie am besten die Bettdecke über den Bettrahmen. Dann ist nicht so viel Gewicht auf den Zehen.

◀ _____⁷.

3b Was kann Frau Jesper noch allein machen? Hören Sie noch einmal. 🔊 32

Telefonieren und nachfragen

1 Wie meldet man sich, wenn man im Krankenhaus oder Pflegeheim ans Telefon geht? Kreuzen Sie die vier besten Möglichkeiten an.

1. ⭘ Klinikum Bergstraße, Schwester Tanja, guten Tag.
2. ⭘ Seniorenheim im Tal, Wohngruppe 4, Wagner, hallo?
3. ⭘ Krankenhaus Waldhof, Station 3a, Pfleger Uli am Apparat.
4. ⭘ Guten Tag, wer spricht da?
5. ⭘ Pflegeheim am See. Sie sprechen mit Sascha.
6. ⭘ Hallo, hier ist Mariam. Wie geht's?

2 Hören Sie die Telefongespräche. Kreuzen Sie die richtigen Aussagen an. 🔊)) 33–35

1. Elena Reuter möchte mit ihrer Mutter sprechen. ⭘
2. Die Mutter ist im Park spazieren. ⭘
3. Frau Reuter hinterlässt eine Nachricht für ihre Mutter. ⭘
4. Sascha verbindet Frau Lehmann mit Frau Häusermann. ⭘
5. Herr Neumann spricht mit Schwester Aischa. ⭘
6. Pfleger Uli soll Schwester Aischa etwas ausrichten. ⭘

3a Hören Sie noch einmal. Was sagen die Personen? Kreuzen Sie an. 🔊)) 33–35

1. Können Sie mir helfen? ⭘
2. Ich möchte gern mit ... sprechen. ⭘
3. Ich rufe Sie zurück. ⭘
4. Auf Wiederhören. ⭘
5. Ich habe mich verwählt. ⭘
6. Möchten Sie eine Nachricht hinterlassen? ⭘

7. Die Leitung ist besetzt. ⭘
8. Was kann ich für Sie tun? ⭘
9. Ich verbinde Sie sofort mit ... ⭘
10. Könnten Sie ihr sagen, dass ...? ⭘
11. Ich werde sie benachrichtigen. ⭘
12. Es tut mir leid, aber ... ist im Moment nicht zu erreichen. ⭘

3b Diese Sätze haben ähnliche Bedeutungen wie Sätze aus 3a. Ordnen Sie zu.

a ⭘ Könnte ich bitte mit ... sprechen?

b ⭘ Kann ich ... etwas ausrichten?

c ⭘ Es tut mir leid, aber ... ist im Moment nicht im Haus.

d ⭘ Wie kann ich Ihnen helfen?

e ⭘ Richten Sie ... bitte aus, dass ...

f ⭘ Können Sie mich bitte mit ... verbinden?

4
RM
Setzen Sie sich mit Ihrem Partner / Ihrer Partnerin Rücken an Rücken. Spielen Sie Gespräche am Telefon. Fragen Sie nach einer Person und reagieren Sie. Hinterlassen Sie eine Nachricht, wenn die Person nicht da ist. 📱💬

Hören Sie die Dialoge und ergänzen Sie die fehlenden Sätze und Fragen. 🔊))) 36–39

> Sie können ihn gern besuchen – Die Patientin ist bei der AOK versichert.
> Die Versicherungsnummer ist – Kannst du das bitte wiederholen – ich schaue
> kurz nach – was kann ich für Sie tun – die Laborwerte – kannst du das bitte
> buchstabieren – Welche Daten brauchen Sie denn – Ich brauche einen Termin
> für eine Röntgenaufnahme der Lunge

1. (Labor, Peter am Apparat.
   (Hallo, hier ist Aline von der Station 3b. Ich brauche _____ [1]
   von Frau Lieber. Gibst du mir bitte die Nierenwerte und die Schilddrüsenwerte?
   (Moment, ich gucke mal nach, eine Sekunde.

2. (Röntgenabteilung, hier ist Esma, hallo?
   (Hallo, hier ist Mathias. Ich brauche einen Termin für eine Röntgenaufnahme.

   (Entschuldige, hier ist es gerade so laut. _____ [2]?

   (Klar. _____ [3].
   (Okay. Einen Moment, bitte. Ist heute um Viertel nach 5 in Ordnung?
   (Ja, das ist gut. Der Patient heißt Veselovic.

   (Oh, _____ [4]?
   (Natürlich. V – E – S – E – L – O – V – I – C.
   (Danke. Ich habe den Termin notiert.

3. (Station 2, Schwester Mariam am Apparat, _____ [5]?
   (Hallo, hier ist Berner. Mein Vater wurde heute bei Ihnen operiert. Ich wüsste gern,
   wie es ihm geht und ob er schon wieder wach ist.
   (Guten Tag, Herr Berner. Ihrem Vater geht es gut. Er ist schon wieder aufgewacht

   und _____ [6].
   (Oh, das freut mich sehr, vielen Dank! Dann komme ich nachher vorbei.

4. (Station A4, Pfleger Moritz, hallo?
   (Hallo, hier ist Monika Silberstein von der Verwaltung. Ich brauche Daten von Frau
   Tauber. Die ist heute neu aufgenommen worden.

   (Hallo, Frau Silberstein. _____ [7]?
   (Ich brauche den Namen der Versicherung und die Versicherungsnummer.

   (Moment, _____ [8]. Hier ist es. _____

   _____ [9]...

5b

RM

Überlegen Sie sich ähnliche Situationen. Spielen Sie Rücken an Rücken Dialoge am Telefon. 📱💬

Die Pflegedokumentation

1 Die Dokumentationsformulare: ein Gespräch zwischen Pflegerin und Pfleger. Hören Sie zu und kreuzen Sie richtige Aussagen an. 🔊 40

1. ⭕ Sascha ist neu in der Pflegeeinrichtung und Manja erklärt ihm die Formulare.
2. ⭕ Die Pflegeeinrichtung hat neue Dokumentationsformulare. Sascha guckt sie sich an.
3. ⭕ Bestimmte Formulare gehören zu jeder Pflegedokumentation.
4. ⭕ Der Biografiebogen ist neu für Sascha und Manja.
5. ⭕ Für die Pflegedokumentation braucht man bei der täglichen Arbeit nicht viel Zeit.
6. ⭕ Die Pflegedokumentation ist wichtig für die Qualitätssicherung und um Informationen über Patienten zu bekommen und weiterzugeben.
7. ⭕ Für die Abrechnung ist die Pflegedokumentation nicht wichtig.
8. ⭕ Man kann in der Pflegedokumentation schreiben, wie man will.
9. ⭕ Es gibt bestimmte Formulierungen, die man benutzen sollte.

> **Wie sollte die Pflegedokumentation geschrieben sein?**
> – gut lesbar und verständlich
> – dokumentenecht, also nicht mit Bleistift, kein Tipp-Ex
> – aktuell und kontinuierlich, lückenlos
>
> Für alle Informationen gilt der Datenschutz.
>
> Unter www.menschen-pflegen.de finden Sie Musterdokumentationen für die ambulante und die stationäre Pflege.

2a Was wird mit welchem Formular dokumentiert? Lesen Sie die Tabelle.

Formular	Inhalt
das Stammdatenformular	allgemeine Daten (Name, Alter, Angehörige...)
der Pflegeanamnesebogen	Informationen über einen neuen Patienten (Einheit 18)
die Kurve	Vitalzeichen (Blutdruck, Puls), Medikamente
die Pflegeplanung	Pflegeprobleme, Pflegeressourcen, Ziele und Maßnahmen (Einheit 19)
Anordnungsnachweis vom Arzt / von der Ärztin	Informationen über Medikamente und andere medizinische Maßnahmen
der Leistungsnachweis	Dokumentation von Pflegemaßnahmen, die gemacht wurden, mit Namen der Pflegekraft
das Pflegeberichtsformular	kurze Informationen über den Zustand des Patienten/Bewohners, wird von jeder Schicht ausgefüllt
der Lagerungsplan	Dokumentation von Lagerung und Mobilisation
der Biografiebogen	Informationen über die Lebensgeschichte

2b Kreuzen Sie richtige Aussagen an und korrigieren Sie die falschen.

○ Im Stammdatenformular steht alles über die Vitalzeichen.
○ Welche Medikamente der Patient bekommen soll, steht im Anordnungsnachweis.
○ Wenn ein Patient gewaschen wurde, dokumentiert man das im Leistungsnachweis.
○ Jede Schicht füllt das Pflegeberichtsformular aus.
○ Die Kurve dokumentiert die Biografie des Patienten.

3 Auch Notfälle und Stürze werden dokumentiert. Lesen Sie den Text und füllen Sie das Sturzprotokoll aus.

Eine Bewohnerin des Seniorenheims, Annegret Schneider, geboren am 10.11.1938, ist am 2. März um 13 Uhr im Essraum gestürzt, als sie vom Tisch aufstehen wollte. Die Bewohnerin sagt, dass sie mit ihren Sandalen auf dem glatten Boden ausgerutscht ist. Außerdem hat die Sonne sie geblendet. Ihren Gehstock hatte sie noch nicht in der Hand. Nach dem Sturz klagt sie über Schmerzen, kann sich aber normal bewegen. Sie hat nur eine gerötete Stelle an der Hüfte. Weitere Maßnahmen sind laut ärztlicher Anordnung nicht nötig. Die Bewohnerin hat sich sehr erschreckt, weil sie zum ersten Mal gestürzt ist.

Sturzprotokoll	
Name: Vorname: Geb.-Datum:	
Zeitpunkt des Sturzes Datum: Uhrzeit: War jemand dabei? ○ Ja ○ Nein Welche Person/en?	**Wie war das Licht während des Sturzes?** ○ hell ○ dunkel ○ blendend
Ort des Sturzes ○ Flur ○ Zimmer ○ Tagesraum ○ Bad ○ Toilette ○ Essraum	**Umgebung des Körpers** Schuhe ○ feste ○ offene ○ Schnürsenkel offen ○ mit Strümpfen ○ barfuß Brille ○ verschmutzt ○ wird gebraucht, aber nicht getragen
Kann sich der Bew./Pat. über den Vorgang des Sturzes äußern? ○ Ja ○ Nein Was sagt er/sie dazu?	**Benutzt der Bew./Pat. Hilfsmittel?** ○ Gehstock ○ Rollstuhl ○ Sonstiges:
Sind aus der Vorgeschichte Stürze bekannt? ○ Ja ○ Nein ○ im Haus ○ zu Hause ○ im Krankenhaus	**Bericht über die Zeit nach dem Sturz** Schmerzäußerung ○ Ja ○ Nein Bewegungseinschränkung ○ Ja ○ Nein
Wie kam es zu dem Sturz? Ist der Bew./Pat. gestolpert? ○ Ja ○ Nein Ist der Bew./Pat. ausgerutscht? ○ Ja ○ Nein *Ursache:*	**Verletzungen** Schmerzen ○ Ja ○ Nein Hämatome ○ Ja ○ Nein offene Wunden ○ Ja ○ Nein Knochenbrüche ○ Ja ○ Nein
Beschreiben Sie die Situation:	
Ist der Bew./Pat. aus dem Bett gefallen? ○ Ja ○ Nein	**Maßnahmen** Vitalzeichenkontrolle ○ Ja ○ Nein Röntgen ○ Ja ○ Nein Arzt informiert ○ Ja ○ Nein
Bew.: Bewohner Pat.: Patient	Sonstige:

Anamnesebogen und Erstgespräch

1a Schauen Sie sich das Formular zur Pflegeanamnese in einem Altenpflegeheim an.
Kreuzen Sie an: richtig oder falsch?

Pflegeanamnese	Angehörige: *Maja Richter (Tochter), Andreas Meier (Sohn)*				
Ruhen und Schlafen	**Ausscheidung**			**Hören und Sehen**	**für Sicherheit sorgen**
☒ Gewohnheiten, Störungen:		Urin	Stuhl	☐ normal	☒ selbstständig
geht spät (24 Uhr) zu Bett	normal	☒	☒	☐ Sehbehinderung	☐ mit Hilfe
☐ Schlaftablette	gestört	☐	☐	☒ Hörbehinderung	
sich bewegen	inkontinent	☐	☐		**Allergien**
☐ selbstständig	☐ Art der Störung			**Orientierung, Denken, Bewusstsein**	*Penicillin*
☒ mit Hilfe				☐ desorientiert	
☐ bettlägerig				☐ eingeschränkte Denkfähigkeit	**Sozial-Anamnese**
Körperpflege	**Atmung**			☐ reduziertes Bewusstsein	(Familie, Freunde, Verein, Hobbys …)
☒ selbstständig	☒ normal				– *wird einmal wöchentlich*
☐ mit Hilfe	☐ gestört			**Körperlicher Befund**	*von Tochter besucht*
☐ unselbstständig				Ernährungszustand	– *spielt Schach und Karten*
	Kommunikation			☒ normal ☐ reduziert	**psychische Anamnese**
Ernährung/Nahrungsaufnahme	☒ normal			Allgemeinzustand	(Stimmung, Einstellung)
☒ selbstständig	☐ gestört			☒ normal ☐ reduziert	– *optimistisch*
☐ Nahrungsaufbereitung					– *sehr freundlich*
☐ muss gefüttert werden	**sich beschäftigen**			**Hautzustand**	– *offen*
☐ Diät	☒ selbstständig			☒ normal ☐ gerötet	
Zahnprothesen	☐ unselbstständig			☐ Dekubitus	
☒ oben ☐ unten					

	richtig	falsch
1. Die Tochter des Pflegebedürftigen kommt täglich zu Besuch.	O	O
2. Der Anamnesebogen sammelt alle für die Pflege wichtigen Informationen.	O	O
3. Interessen und soziale Kontakte hat der Pflegebedürftige nicht.	O	O
4. Der psychische Zustand des Pflegebedürftigen ist gut.	O	O
5. Der Pflegebedürftige hat im Unterkiefer noch eigene Zähne.	O	O

1b Was gehört <u>nicht</u> in die Pflegeanamnese? Kreuzen Sie an.

1. O alle Krankheiten der Angehörigen des Pflegebedürftigen
2. O Fragen zur Nahrungsaufnahme
3. O die Planung der weiteren Pflegemaßnahmen
4. O Informationen zu den Schlafgewohnheiten des Pflegebedürftigen
5. O Dokumentation der Pflegemaßnahmen

> **ℹ Pflegeanamnese**
> Mit der Pflegeanamnese sammelt man Informationen.
> Das Formular auf dieser Seite ist nur ein Teil des Anamnesebogens. Einen vollständigen Bogen finden Sie unter www.menschen-pflegen.de.

2a Ein Erstgespräch. Ergänzen Sie den Dialog. Hören Sie zum Vergleich. 🔊 41

> Das ist schön – jetzt würde ich gern noch – persönlichen Daten –
> Haben Sie Angehörige – Sind Sie jetzt bereit für das Gespräch –
> Aber ich habe noch ein paar Fragen zu Ihrer Gesundheit –
> Wie fühlen Sie sich bei uns – Informationen zu unserem Alltag

◄ Herr Feiner, Sie sind seit gestern bei uns im Seniorenheim

am Waldsee. _____ [1] ?

◄ Ja, naja, ich weiß noch nicht so recht. Ich fühle mich ein
wenig verloren und ängstlich.

◄ Es ist ja auch noch alles neu für Sie. Aber Sie bekommen

von mir gleich noch _____

_____ [2] . Ich habe Ihnen ja schon heute Morgen
gesagt, dass ich später noch mit Ihnen sprechen möchte.

_____ [3] ?

◄ Ja, ja, kein Problem.

◄ Gut. Dann fangen wir mit Ihren _____ [4]
an. Dazu gehören Ihr Alter, der Wohnort, Ihre Religionszugehörigkeit und so weiter.

◄ In Ordnung. Fangen wir beim Alter an. Ich bin jetzt 83 Jahre alt. Ich wurde geboren
am ... *(kurze Zeit später)*

◄ Gut, Herr Feiner. Die persönlichen Daten habe ich aufgeschrieben. _____

_____ [5] , mit denen Sie in Kontakt stehen?

◄ Meine Tochter wohnt auch hier in Duisburg. Sie kommt mich sicher bald besuchen,
dann lernen Sie sie kennen.

◄ _____ [6] , das freut mich!

◄ Ich habe auch einen kleinen Enkel, der ist meine ganze Freude!

◄ Na, dann hoffe ich, dass er seinen Großvater bald im neuen Zuhause besucht!

◄ Ja, da bin ich mir ganz sicher.

◄ So, _____ [7] Ihren

Blutdruck messen und Sie kurz untersuchen. Den Arztbrief von Ihrem Hausarzt

haben wir ja schon. _____

_____ [8] .

> **Erstgespräch**
> Auch im Erstgespräch
> sammelt man Infor-
> mationen. Das Gespräch
> sollte in den ersten 48
> Stunden geführt werden.
> Der Patient wird vorher
> darüber informiert.
> Offene Fragen sind gut,
> damit der Patient
> erzählen kann.
> Auch die psychische
> Situation ist wichtig. Sie
> wird auch dokumentiert.

2b Schreiben Sie zu zweit einen ähnlichen Dialog und spielen Sie ihn im Kurs. 📱💬

RM

Pflegeplanung: Inhalte und Formulierungen

1 Pflegeressourcen: Möglichkeiten, die eine Person hat. Pflegeprobleme: Hier braucht die Person Hilfe. Was ist was? Ordnen Sie die Beispiele zu.

Patient ist sehr motiviert – trinkt nur 600 ml/Tag – kann ohne Hilfe gehen – hat trockene Haut – löst gern Rätsel – kann selbstständig essen – hat ein hohes Dekubitusrisiko wegen Immobilität – die Freunde/Angehörigen helfen bei der Körperpflege – geht sehr unsicher – kann mit dem Rollator ohne Hilfe laufen – hat keinen Appetit – ist oft traurig / gedrückter Stimmung – kann sich nicht selbstständig Brote machen – informiert Pflegepersonal über Schmerzen – spielt gern Karten – hört schlecht – hält Kontakt zu den Angehörigen

> **ℹ Pflegeplanung**
> Die Pflegeplanung ist ein wichtiger Teil der Pflegedokumentation. Sie besteht aus sechs Schritten:
> 1. Informationen sammeln
> 2. Ressourcen und Pflegeprobleme beschreiben
> 3. Pflegeziele festlegen
> 4. Pflegemaßnahmen planen
> 5. durchgeführte Pflegemaßnahmen dokumentieren
> 6. Erfolg der Pflege bewerten (Evaluation)

Pflegeressourcen	Pflegeprobleme

2 Lesen Sie den Infokasten. Kreuzen Sie die bessere Formulierung an.

1 a ○ Der Bewohner sucht oft Kontakt zum Pflegepersonal.
   b ○ Der Bewohner geht uns mit Fragen auf die Nerven.

2. a ○ Der Bewohner hat eine wunde Stelle am Rücken.
   b ○ Der Bewohner leidet an Dekubitus 1. Grades am unteren Teil des Rückens.

3. a ○ Der Bewohner hat schlecht geschlafen.
   b ○ Der Bewohner sagt, dass er schlecht geschlafen hat.

4. a ○ Der Arzt hat den Patienten heute entlassen.
   b ○ Der Patient wurde heute entlassen.

> **ℹ** Die Dokumentation ist
> – objektiv
> – verständlich und klar
> – nicht zu lang.
>
> Der Patient steht immer im Mittelpunkt.
> Es werden Fachwörter benutzt.

3 Pflegeressourcen formulieren. Verbinden Sie die Satzanfänge links mit den Satzenden rechts.

1. Der Bewohner kann   o   o   **a**   den Rollator zum Gehen.
2. Der Bewohner ist motiviert,   o   o   **b**   Essen/Trinken.
3. Der Bewohner benutzt   o   o   **c**   die Körperpflege selbstständig durchführen.
4. Die Angehörigen helfen   o   o   **d**   mit dem Pflegepersonal zusammenzu-
    dem Bewohner beim   arbeiten.

4 Pflegeprobleme formulieren. Lesen Sie den Infokasten und kreuzen Sie die bessere Formulierung an.

1. **a** O Patient hat Schmerzen.
   b O Patient sagt um 18 Uhr, dass er beim Atmen stechende Schmerzen in der Brust hat.
2. **a** O Patientin braucht Unterstützung beim An- und Ausziehen.
   b O Ich habe der Patientin heute Morgen geholfen, sich anzuziehen.

> **Pflegeprobleme formulieren:**
> – kurz und knapp, aber genau und informativ
> – objektiv

5 Pflegeziele festlegen und formulieren. Kreuzen Sie die bessere Formulierung an.

> **Pflegeziele formulieren:**
> – realistisch, überprüfbar
> – mit Datum und Unterschrift
> – als Ergebnis formuliert
> – positiv (ohne „nicht", „kein")
> – genau und detailliert

1. **a** O Patient kann sich teilweise wieder allein waschen.
   b O Patient übernimmt ab Januar 2012 Teilkörperwäsche (Oberkörper) selbstständig.
2. **a** O Pflegepersonal hilft nicht mehr beim Gehen.
   b O Juni 2012: Patientin geht ohne Hilfe mit Rollator.

6 Pflegemaßnahmen planen und formulieren. Kreuzen Sie die bessere Formulierung an.

a O Pflegepersonal hilft bei der Körperpflege.
b O Täglich: Eine Pflegekraft führt Hände des Patienten bei Teilkörperwäsche (Oberkörper). Pflegepersonal übernimmt Reinigung und Pflege von Intimbereich, Rücken und Beinen.

> **Pflegemaßnahmen formulieren:**
> – wer? (Qualifikation und Anzahl der Personen)
> – was genau?
> – wann? (Zeitraum)
> – wie oft? (Wiederholungsrhythmus)

7 Arbeiten Sie zu zweit: Formulieren Sie weitere Pflegeressourcen, Pflegeprobleme, Pflegeziele und Pflegemaßnahmen. 📱 💬

RM

Patientenentlassung und Überleitung

1 Über den Entlassungs- oder Überleitungstermin informieren. Hören Sie die
Dialoge und ordnen Sie zu. 🔊))) 42–44

A ⚪

B ⚪

C ⚪

Gespräch mit der Patientin   Gespräch mit
dem Pflegeheim

Gespräch mit
Angehörigen

2a Wie geben Sie einem Patienten / einer Patientin Ratschläge für zu Hause?
Kreuzen Sie die besten Möglichkeiten an.

⚪ Sie sollten auf jeden/keinen Fall ...   ⚪ Nehmen Sie diese Tabletten/Tropfen ...
⚪ Wein können Sie vergessen!   ⚪ Ich würde Ihnen empfehlen, ...
⚪ Achten Sie bei ... auf ...   ⚪ Am besten ist es, wenn Sie ...
⚪ Sie dürfen in der nächsten Zeit nicht ...   ⚪ Sport kommt für Sie jetzt nicht in
                                                    Frage!

2b Gute Wünsche bei der Entlassung. Was passt? Kreuzen Sie an.

1. ⚪ Bleiben Sie gesund.   **5.** ⚪ Guten Rutsch.
2. ⚪ Viel Erfolg.   **6.** ⚪ Ich wünsche Ihnen weiter gute Besserung.
3. ⚪ Ich wünsche Ihnen alles Gute. **7.** ⚪ Herzlichen Glückwunsch.
4. ⚪ Gute Heimfahrt.   **8.** ⚪ Passen Sie auf sich auf.

2c
RM
Wählen Sie eine der folgenden Situationen. Schreiben Sie zu zweit einen Dialog
und spielen Sie ihn im Kurs vor. 📄🗣

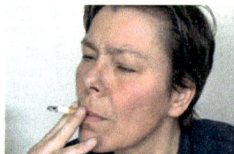

Frau Friesel war wegen eines Magengeschwürs im Krankenhaus.
Sie wird morgen entlassen. Geben Sie ihr Tipps: wenig Kaffee,
kein Stress, nicht mehr rauchen, viele Ballaststoffe (Kartoffeln,
Vollkornprodukte) essen.

Herr Moritz war wegen eines Herzinfarkts im Krankenhaus. Jetzt
wird er entlassen. Geben Sie ihm Tipps: Atemübungen weiter-
machen, kein Stress, nicht mehr rauchen, abnehmen, leichten
Sport treiben (z. B. Wandern, Radfahren), halbjährlich bis jährlich
zu Kontrolluntersuchungen gehen.

3a Den Transport organisieren. Hören Sie zwei Dialoge und ergänzen Sie. 🔊 45–46

Der Krankenpfleger telefoniert zuerst mit _____

_____ [1] der Patientin.

Den Transport begleiten will _____ [2].

Sie hat auch _____ [3] zu der Wohnung

und kümmert sich um _____ [4]

und _____ [5].

Der Krankenpfleger telefoniert dann mit _____

_____ [6].

Der Krankentransportwagen (KTW) kommt am

_____ [7] um _____ [8] Uhr.

Die Patientin wird _____ [9] transportiert. Begleitet wird sie von

_____ [10]. Die Transportkosten übernimmt die

_____ [11].

> **Checkliste Entlassung**
> – alle Beteiligten über den Termin informieren
> – Transport organisieren
> – Unterlagen vorbereiten (z. B. Überleitungsbogen)
> – Unterlagen und Hilfsmittel für den Patienten bereitstellen (z. B. Röntgenbilder, Brille, Krankenversicherungskarte, Hörgerät)
> – eventuell Medikamente und Verbände mitgeben

3b
RM
Sie organisieren einen Transport. Überlegen Sie sich, wer, wann, womit, wohin und wie transportiert wird, ob es eine Begleitperson gibt und wer bezahlt. Schreiben Sie zu zweit Dialoge und spielen Sie sie im Kurs vor. 📞💬

Transport:
Name   Termin   Transportart   Ziel   Begleitperson   Kosten

4a In ein Pflegeheim überleiten. Hören Sie noch einmal den Dialog 1 aus Aufgabe 1. Was besprechen der Krankenpfleger und die Mitarbeiterin des Pflegeheims? Kreuzen Sie an. 🔊 42

1. ○ Sie besprechen den Termin der Überleitung.
2. ○ Sie besprechen die Details der Pflege.
3. ○ Sie sprechen über eine Patientin, die im Krankenhaus war und jetzt ins Pflegeheim zurückkommt.
4. ○ Sie sprechen über eine Patientin, die neu ins Pflegeheim kommt.
5. ○ Sie besprechen nur sehr dringende Pflegefragen am Telefon.
6. ○ Alle anderen Informationen stehen im Pflegeüberleitungsbogen.

> Ein Beispiel für den Pflegeüberleitungsbogen finden Sie im Internet unter www.pflegekonferenz.de/Bogen.pdf.

4b
RM
Schreiben Sie zu zweit einen ähnlichen Dialog und spielen Sie ihn im Kurs vor. 📞💬

Pflegekräfte gesucht! – Stellenanzeigen

1 Maria sucht einen Job. Sie liest die Stellenanzeigen in der Zeitung. Hören Sie den Dialog. Über welche Anzeige wird gesprochen? 🔊 47

A Suchen ab sofort **häusliche Pflegekraft** für 30 Stunden/Woche. Sind Sie motiviert und haben Einfühlungsvermögen und eine selbstständige Arbeitsweise? Melden Sie sich bei uns. Tel.: 0352 – 37463859

B Sie sind ausgebildeter **Altenpfleger** oder ausgebildete **Altenpflegerin** und haben mindestens 5 Jahre Berufserfahrung? Sie sind zuverlässig, teamfähig und schichtdiensttauglich? Dann melden Sie sich beim ‚Seniorenheim am Markt'.

C Krankenhaus Stadtmitte sucht **examinierte Pflegekräfte**, mind. 2 Jahre Berufserfahrung. Schichtdienst. Sind Sie flexibel und belastbar? Arbeiten Sie gern im Team? Weitere Informationen unter 03521 – 7713859

2 Was ist gemeint? Ordnen Sie die Begriffe den Definitionen zu.

> zuverlässig – belastbar – teamfähig – motiviert – schichtdiensttauglich – selbstständige Arbeitsweise – Einfühlungsvermögen – flexibel

1. Jemand, der keine Probleme mit Stress hat, ist _____ .

2. Jemand, der keine Probleme mit neuen Situationen hat, ist _____ .

3. Jemand, auf den man sich verlassen kann, ist _____ .

4. Jemand, der sensibel ist und die Gefühle anderer Menschen verstehen kann, hat

_____ .

5. Jemand, der gut mit anderen zusammenarbeiten kann, ist _____ .

6. Jemand, den die Arbeit zu verschiedenen Dienstzeiten nicht stört, ist

_____ .

7. Jemand, der seine Arbeit mag und mit Freude macht, ist _____ .

8. Jemand, der gut allein arbeiten und Entscheidungen treffen kann, hat eine

_____ .

3 Welche Eigenschaften sind in welchem Pflegeberuf wichtig? Wie muss eine Gesundheits- und Krankenpflegerin im Krankenhaus arbeiten und wie in einem mobilen Pflegedienst? Sprechen Sie im Kurs.

> ℹ Pflegeheime in der Nähe Ihres Wohnortes finden Sie im Internet unter www.pflegelotse.de.

4a   Welches Foto passt zu welcher Stellenanzeige? Ordnen Sie zu.

❶ Suche eine liebevolle 24-Stunden-Pflege für meinen Vater.
Er leidet an Demenz und den Folgen eines Schlaganfalles.
Das bedeutet, er ist halbseitig gelähmt und kann nicht sprechen,
er muss gefüttert, gelagert und gewaschen werden.

❷ Zur Verstärkung unseres Teams suchen wir eine/n Gesundheits-
und Krankenpfleger/in. Aufgabe ist die medizinische Assistenz
in der Ambulanz der Stadtklinik unter Aufsicht eines Arztes oder
einer Ärztin.

❸ Examinierte Pflegefachkräfte. Unser Team braucht Verstärkung!
Suchen für unser ambulantes Pflegeteam in Würzburg examinierte
Krankenpflegerinnen/-pfleger, Voll- und Teilzeit. PKW-Führerschein,
Flexibilität und selbstständige Arbeitsweise nötig.

❹ Klinikum Waldstätten sucht Kindergesundheits- und Kranken-
pfleger/innen. Tätigkeit umfasst medizinische Assistenz und Pflege
auf der Kinderintensivstation. Berufserfahrung und hohe
Belastbarkeit Voraussetzung.

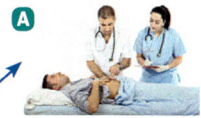

4b   Welches Stellenangebot finden Sie interessant? Warum? Sprechen Sie im Kurs.

5   Welche Person passt am besten auf die Stellenanzeige? Kreuzen Sie an.

Mobiler Pflegedienst in
Weimar sucht ab dem 1.3.
einen Krankenpfleger oder eine
Krankenpflegerin, der/die unser
Team verstärkt. Sie sollten
einige Jahre Berufserfahrung in
der ambulanten Intensivpflege
mitbringen. Eigener PKW
von Vorteil. Wir freuen uns auf
Ihre Bewerbung.

○ Luise Bauer aus Berlin, hat gerade ihre Berufsausbildung als Gesundheits- und Krankenpflegerin
abgeschlossen

○ Martin Hoffmann aus Weimar, Krankenpfleger,
3 Jahre Berufserfahrung bei ambulantem Pflegedienst, PKW

○ Jochen Fuchs aus Weimar, Pflegehelfer, 8 Jahre
Berufserfahrung im Seniorenheim, fährt gern
Fahrrad

6   Sie suchen eine Stelle. Schreiben Sie eine Anzeige für die Zeitung wie im Beispiel.
Ihre Anzeige sollte Informationen zu folgenden Punkten enthalten:

Ausbildung/Beruf – Berufserfahrung – Eigenschaften – Kenntnisse

Pflegehelferin sucht Stelle in
Seniorenheim oder mobiler Pflege.
28 Jahre, 2 Jahre Berufserfahrung,
belastbar, flexibel, teamfähig und
engagiert. Gute Deutschkenntnisse.

_____

_____

_____

_____

_____

Eine Bewerbung schreiben

1   Was gehört in Deutschland zu einer vollständigen Bewerbung? Kreuzen Sie an.

1. ⃝ Kopien von Abschluss- und Arbeitszeugnissen (eventuell mit Übersetzung)
2. ⃝ eventuell weitere gewünschte Nachweise (z. B. Kopie Gesundheitszeugnis)
3. ⃝ persönliches Anschreiben
4. ⃝ Lebenslauf mit Foto
5. ⃝ Kopie des Führerscheins

2a   Lesen Sie den Lebenslauf und ordnen Sie die Überschriften zu.

> Weiterbildung – Berufsausbildung – Weitere Qualifikationen – Interessen – ~~Persönliche Daten~~ – Schulbildung – Berufserfahrung

Lebenslauf

1 Persönliche Daten

Name:	Karolina Janowska
Geburtsdatum:	19.01.1982
Geburtsort:	Warszawa (Polen)
Staatsangehörigkeit:	Polnisch

2

1988–1994	Grundschule Nr. 3 Warszawa
1994–2000	Gymnasium Nr. 50 und Oberschule Nr. 5 in Warszawa

3

09/2000–07/2005	Studium der Krankenpflege an der Medizinischen Universität Poznań

4

08/2005–05/2011	Gesundheits- und Krankenpflegerin im Städtischen Krankenhaus Poznań

5

10/2008–10/2010	Fachkrankenpflegerin für Intensivpflege und Anästhesie

6

Sprachen:	Polnisch – Muttersprache, Deutsch – sehr gute Kenntnisse Englisch – Grundkenntnisse
Computer:	PC (Microsoft Word, Excel, Internet)
Führerschein:	Klasse B

7

Wandern, Basketball, Saxofon

Hamburg, 17.07.2011

Karolina Janowska

> **!** Unter http://www.europass-info.de/de/europass-lebenslauf.asp finden Sie den Euro-Pass-Lebenslauf, der heute oft in Bewerbungen verwendet wird.

2b   Schreiben Sie Ihren eigenen Lebenslauf.

Lesen Sie das Bewerbungsschreiben und ordnen Sie die Begriffe zu.

> Grußformel – Hinweis auf Anlagen – Unterschrift – Brieferöffnung – Anrede – letzter Arbeitsort – berufliche Entwicklung – ~~Absender~~ – Bitte um Gesprächstermin – Ort und Datum – Betreff – Empfänger – sonstige Fähigkeiten

Karolina Janowska | Fuchsbergweg 13 | 22119 Hamburg   **1** *Absender*

Krankenhaus am Waldrand   **2**
Personalabteilung
Waldallee 10
17019 Waldfelde   **4**

                                             3   Hamburg, 17. Juli 2011

Bewerbung als Gesundheits- und Krankenpflegerin zum 01.09.2011

Sehr geehrte Damen und Herren,   **5**

in Ihrer Anzeige vom 10.07.2011 in der Waldzeitung suchen Sie eine Gesundheits- und Krankenpflegerin mit abgeschlossener Ausbildung. Ich möchte mich um diese Stelle bewerben und
schicke Ihnen hiermit meine Bewerbungsunterlagen.   **6**

Bis zu meiner Übersiedlung nach Deutschland im Juni 2011 war ich als Gesundheits- und
Krankenpflegerin im Städtischen Krankenhaus Poznań (Polen) tätig und dort für verschiedene
Aufgaben verantwortlich. Besonders die Arbeit in der Intensivpflege, in der ich seit 2009 tätig
war, hat mir sehr viel Freude gemacht.   **7**

Mein Studium der Krankenpflege habe ich 2005 an der Medizinischen Universität Poznań
erfolgreich abgeschlossen. Während meiner anschließenden Tätigkeit im Krankenhaus in
Poznań konnte ich viele praktische Erfahrungen in allen Bereichen der Krankenpflege sammeln.
Berufsbegleitend habe ich eine in Deutschland anerkannte Weiterbildung zur Fachkrankenpfle-
gerin für Intensivpflege und Anästhesie gemacht und in den letzten Jahren auch in diesem
Bereich gearbeitet.   **8**

Ich spreche fließend Deutsch und habe Grundkenntnisse in Englisch. Außerdem beherrsche ich
die üblichen Computerprogramme. Belastbarkeit, Engagement und Flexibilität habe ich bei
meiner täglichen Arbeit im Krankenhaus bewiesen. Der enge Kontakt mit Menschen und die
Arbeit im Team sind mir in meinem Beruf besonders wichtig.   **9**

Ich würde mich über eine Einladung zu einem persönlichen Gespräch sehr freuen.   **10**

Mit freundlichen Grüßen   **11**

Karolina Janowska   **12**

Anlagen: Lebenslauf mit Foto, Zeugniskopien   **13**

3b   Suchen Sie in der Zeitung oder im Internet eine interessante Stellenanzeige.
RM   Schreiben Sie eine Bewerbung.

Redemittel

3 Orientierung im Krankenhaus

4 Nach dem Weg fragen und den Weg erklären

- Entschuldigung, | wie komme ich zu/zum/zur …?
  wo geht es zu/zum/zur …?
  wo ist … ?
  ich suche …

- Könnten Sie mir das bitte noch einmal erklären?

- Der/Die/Das … ist | im Erdgeschoss.
  im ersten/zweiten/dritten/ … Stock.
  in der ersten/zweiten/dritten/ … Etage.
  neben dem/der …

- Nehmen Sie | die Treppe | in den ersten/zweiten/ … Stock.
  den Fahrstuhl

- Gehen Sie (hier) rechts/links/geradeaus / den Flur/Gang entlang.

- Auf der rechten/linken Seite ist …

- Es ist die erste/zweite/dritte/… Tür rechts/links.

- Fragen Sie dort / im … Stock noch einmal nach.

8 Mit den Pflegebedürftigen sprechen

4 Fragen, wie es jemandem geht

- Wie geht es Ihnen?
  Wie fühlen Sie sich?
  Wie haben Sie geschlafen?

- Geht es Ihnen besser?

- Haben Sie sich von der Operation/Untersuchung / Ihrem Besuch / … erholt?

Hilfe anbieten / nach Wünschen fragen

- Brauchen Sie etwas?

- Was möchten Sie essen/trinken/machen/ ...?

- Möchten Sie | etwas zu trinken/essen / eine Schmerztablette / mit dem Arzt sprechen / ...?
, dass ich Ihnen beim Waschen/Essen/ ... helfe?
darüber sprechen?

- Soll ich Ihnen | etwas zu essen/trinken / die Bettpfanne / ... bringen?
die Haare machen?
beim Waschen/Essen/ ... helfen?

Auf Bitten um Hilfe / Wünsche reagieren

- Gern. Ich | bringe Ihnen ein Glas Saft / einen Tee / ...
rufe/frage den Arzt / die Ärztin.
bin sofort bei Ihnen.

Sagen, was jemand machen soll

- Bitte | machen Sie den Arm / die Brust / ... frei.
stehen Sie kurz auf / setzen Sie sich.
haben Sie einen Moment Geduld.
helfen Sie mir und drehen sich um / halten den Waschlappen / ...

Etwas erklären

- Ich gebe Ihnen jetzt eine Spritze gegen/für ...

- Zuerst werde ich den Blutdruck / Ihre Temperatur / ... messen.

- Ich bringe Ihnen jetzt das Frühstück / die Bettpfanne / eine Tablette / ...

Die Angst nehmen

- Machen Sie sich keine Sorgen.

- Erschrecken Sie nicht.

- Es tut nicht weh.

- Es dauert nur einen Moment.

9 Essen und Trinken

4 Nach Wünschen und Gewohnheiten fragen

◖ Haben Sie sich von der Speisekarte etwas ausgesucht?
Was darf ich Ihnen zu essen bringen?
Was darf es sein?

◖
Ich	hätte gern	den Bohneneintopf / die Kartoffelpuffer / ...,	bitte.
	möchte	einen Tee/Kaffee/Saft/...,	
	nehme	Vanilleeis/Kuchen/...,	

◖ Möchten Sie dazu ein Brötchen / einen Salat / Zucker / ...?

◖ Haben Sie sonst noch einen Wunsch?

◖ Was möchten Sie zum Nachtisch?
Was kann ich Ihnen zum Nachtisch bringen?

◖ Es tut mir leid, aber wir haben keinen/kein/keine ... mehr. Möchten Sie vielleicht...?

◖ Müssen wir bei Ihrem Essen auf etwas Bestimmtes achten?
Gibt es etwas, was Sie besonders gern / gar nicht essen/mögen?

Sich nach der Zufriedenheit erkundigen

◖
| Ist alles | zu Ihrer Zufriedenheit? |
| | in Ordnung? |

Sind Sie mit allem zufrieden?
Waren Sie zufrieden?
Schmeckt es Ihnen?
Hat es Ihnen geschmeckt?

Regeln mitteilen

◖ Der Arzt / Die Ärztin hat für Sie fettarme Kost / ... angeordnet.

◖ Es tut mir leid, aber es ist wichtig für Sie, dass Sie wenig Fett essen / Ihr Gewicht reduzieren / ...

10 Interesse für den Menschen zeigen

3 Interesse signalisieren und ins Gespräch kommen

- Interessieren Sie sich für Sport/Fußball/Literatur/Musik/ ... ?
- Was ist Ihr Lieblingsfilm/-buch/-verein/... ?
- Welche Serie / Welchen Komponisten/Schauspieler mögen Sie am liebsten?
- Kennen Sie das Buch / den Film / den Regisseur / ... ?
- Spielen Sie ein Instrument? / Haben Sie früher ein Instrument gespielt?
- Treiben Sie Sport? / Haben Sie früher Sport getrieben?
- Wohin fahren Sie gern in den Urlaub? / Wohin sind Sie gern in den Urlaub gefahren?
- Was genau haben Sie als Reiseleiter/Rechtsanwalt/ ... gemacht?
- Macht Ihnen die Arbeit Spaß? / Hat Ihnen die Arbeit Spaß gemacht?
- Haben Sie gern als Buchhändler/Verkäufer/Tischler/ ... gearbeitet?
- Was studiert denn Ihre Tochter/Enkelin / Ihr Sohn?
- Was macht Ihr Sohn/Enkel / Ihre Tochter beruflich?

11 Auf Klagen und Beschwerden reagieren

4 Aktives Zuhören

- Ich habe den Eindruck, dass Sie unzufrieden sind / sich Sorgen machen, weil ...
- Habe ich Sie richtig verstanden, dass ...?
  Möchten Sie damit sagen, dass ...?
  Verstehe ich Sie richtig und Sie denken/finden / möchten gern, dass ...?
- Was genau stört Sie denn?
  Wie genau meinen Sie denn das?

Verständnis zeigen

- Ich verstehe, dass Ihnen das nicht gefällt.
  Ich kann Ihren Ärger / Ihre Sorgen verstehen.
  Es tut mir leid, dass ...
  Das verstehe ich gut.

Eine Lösung suchen und anbieten

◀ Wäre es Ihnen recht, wenn ...?
Was halten Sie davon, wenn ...?
Möchten Sie lieber, dass ...?
Möchten Sie stattdessen ...?

◀ Und wie wäre die Situation für Sie angenehmer?
Sind Sie damit einverstanden?
Soll ich ...?

◀ Ich bringe Ihnen ... / Ich lasse Ihnen ... bringen. / Ich schicke Ihnen ...
Sie bekommen sofort ...

Die Situation erklären

◀ Es ist bei uns so, dass ...
Bei uns auf der Station / im Wohnbereich / ... ist es so, dass ...
Das können wir leider nicht ändern, weil ...
Leider gibt es ...

Sich entschuldigen

◀ Entschuldigung.
Entschuldigen Sie bitte.
Verzeihung.
Das tut mir leid.

◀ Es tut mir leid, dass Sie warten mussten.

12 Mit den Angehörigen sprechen

4 Auskunft geben

◀ Ihrem Vater / Ihrer Mutter / ... geht es	besser.
	den Umständen entsprechend gut.

◀ Ihr Großvater / Ihre Großmutter / ...	ist sehr schwach / oft sehr müde / ....
	fühlt sich wohl bei uns / oft allein / ....
	ist sehr fröhlich / sehr ernst / ...
	hat guten/keinen Kontakt zu den anderen Bewohnern.

◀ Die Operation ist gut / wie geplant verlaufen.

◀ Ihre Tochter / Ihr Sohn / ... liegt in Zimmer ...

Die Schweigepflicht

◀ Es tut mir leid, | das kann ich Ihnen leider nicht sagen.
| dazu kann ich leider nichts sagen.
| darüber darf ich keine Auskunft geben.

◀ Vielleicht möchten Sie | mit dem behandelnden Arzt sprechen?
| mit Ihrer Schwester / Ihrem Vater / ... selbst sprechen?

Da müssten Sie | mit der behandelnden Ärztin sprechen.
| mit Ihrem Freund / Ihrer Freundin selbst sprechen.

◀ Ich informiere den Stationsarzt / behandelnden Arzt / die behandelnde Ärztin / Dr. Müller.

Nachfragen und Hinweise geben

◀ Ich habe gemerkt, dass | Ihre Mutter / Ihr Vater / ... nicht mehr viel spricht/isst/ ...
| Ihr Großvater / Ihre Großmutter immer stiller/trauriger/ ... wird.
| ich sehr wenig über Ihren Mann / Ihre Frau / ... weiß.

◀ Vielleicht könnten Sie | mir etwas über die Vorlieben/Interessen Ihres Vaters / ... erzählen?
| mir helfen, Ihre Mutter/ ... besser zu verstehen?
| mir weitere Informationen über ... geben?

◀ Wissen Sie vielleicht, | was Ihre Tante / Ihr Onkel / ... besonders gern isst/trinkt/...?
| wofür Ihre Großmutter / ... sich besonders interessiert?
| worüber Ihr Großvater / ... sich freuen würde?

◀ Ich denke, | es wäre gut, wenn Sie ...
| es würde Ihrer Mutter / Ihrem Vater / ... helfen, wenn Sie ...

14 Im Gespräch mit Kolleginnen und Kollegen

2b Einen Patienten / eine Patientin vorstellen

- ◀ Herr/Frau ... leidet an ...
- ◀ Der Arzt / Die Ärztin / Dr. ... hat strikte Bettruhe / viel Bewegung / fettarme Kost / ... angeordnet.
- ◀ Herr/Frau ...bekommt morgens und abends / einmal täglich ...
- ◀ Bei der Pflege/Lagerung von Herrn/Frau ... musst du / müssen Sie vor allem auf ... achten.
- ◀ Der psychische Zustand von Herrn/Frau ... ist gut/schwierig/kritisch. Er/Sie ist optimistisch / gedrückter Stimmung / ...

Nachfragen

◀ Kannst du / Können Sie	mir das bitte noch einmal erklären?
Würdest du / Würden Sie	mir das Wort ... bitte noch einmal erklären?
	das bitte wiederholen?

- ◀ Was genau heißt ...? / Was bedeutet ...?
  Wie funktioniert ...?
  Heißt das, dass ...? / Bedeutet das, dass ...?
- ◀ Welche Medikamente/Therapien/Kost/ ... bekommt der Patient / die Patientin?
- ◀ Was bedeutet ... für die Lagerung/Ernährung/ Pflege/ ...?

15 Mit Ärzten und anderen Berufsgruppen sprechen

1b Nachfragen

◀ Kannst du / Können Sie	mir das bitte noch einmal erklären?
Würdest du / Würden Sie	mir das Wort bitte noch einmal erklaren?
	das bitte wiederholen?

Bitte erklären Sie mir / erklär mir ...

- ◀ Was genau heißt ...? / Was bedeutet ...?
  Wie funktioniert ...?
  Heißt das, dass ...? / Bedeutet das, dass ...?
- ◀ Welche Medikamente/Therapien/ ... bekommt der Patient / die Patientin?
- ◀ Was bedeutet ... für die Lagerung/Ernährung/ Pflege/ ...?
- ◀ Ich habe Sie leider nicht verstanden.
- ◀ Sprechen Sie bitte etwas langsamer.

16 Telefonieren und nachfragen

4 Telefonieren

◖ Klinikum/Krankenhaus/Seniorenheim..., Station ... / Wohngruppe ... / Pfleger ...,
   guten Tag.
   Sie sprechen mit ... / ... am Apparat.

◖ Was kann ich für Sie tun?
   Womit kann ich Ihnen helfen?
   Wie kann ich Ihnen behilflich sein?

◖ Ich möchte gern Herrn/Frau ... sprechen.
   Könnte ich bitte mit Herrn/Frau ... sprechen?
   Ist Herr/Frau ... da?

◖ Einen Augenblick/Moment, ich verbinde Sie mit ...
   Ich stelle Sie zu ... durch.
   Bitte bleiben Sie am Apparat.

◖ Tut mir leid, Herr/Frau ... ist im Moment nicht da.
   Rufen Sie bitte später noch einmal an.
   Möchten Sie eine Nachricht hinterlassen?
   Kann ich (ihm/ihr) etwas ausrichten?

◖ Bitte richten Sie ihm/ihr aus, dass ...
   Können Sie ihm/ihr sagen/ausrichten, dass ...

◖ Gern geschehen.
   Vielen Dank.
   Auf Wiederhören.
   Bis morgen / Samstag / nächste Woche / ...

5b Bei Verständnisproblemen nachfragen

◖ Wie bitte?
   Entschuldigung, ich habe Sie/dich leider nicht verstanden.
   Wie war das, bitte?

◖ Könnten Sie bitte etwas | langsamer | sprechen?
                          | lauter |
                          | deutlicher |

◖ Könnten Sie das bitte | wiederholen?
                        | noch einmal sagen?
                        | buchstabieren?

siebenundfünfzig **57**

◖ Wie | schreibt | man das?
         | buchstabiert |

◖ Wie wird das geschrieben?
   Schreibt man das mit ...?

Nachfragen / Auskunft geben / sagen, was man möchte

◖ Welche Daten/Werte/Angaben/ ... brauchen Sie denn?

◖ Moment, ich schaue kurz nach. / Einen Moment, bitte. / Bitte warten Sie kurz.

◖ Ich brauche einen Termin für ... / die Laborwerte von ... / ...

18 Anamnesebogen und Erstgespräch

2b Ein Erstgespräch führen

◖ Wie fühlen Sie sich bei uns?
   Wie geht es Ihnen bei uns?

◖ Sind Sie jetzt bereit für das Gespräch?

◖ Wir fangen mit Ihren persönlichen Daten an. Das sind ...
   Zuerst brauche ich Ihre persönlichen Daten. Das sind...

◖ Haben Sie Angehörige, mit denen Sie in Kontakt stehen?
   Haben Sie Familie?
   Wie ist der Kontakt zu Ihrer Familie?

◖ Was machen Sie gern?
   Was macht Ihnen Freude?
   Was sind Ihre Hobbys?

◖ Jetzt würde ich gern Ihren Blutdruck messen / Sie untersuchen.
   Ich habe noch ein paar Fragen zu Ihrer Gesundheit.

19 Pflegeplanung: Inhalte und Formulierungen

7 Pflegeressourcen formulieren

Patient/Bewohner	ist sehr ...
	kann (ohne Hilfe) ...
	isst / wäscht sich / ... selbstständig.
	informiert Pflegepersonal über Schmerzen/Wünsche ...
	spielt gern Karten/Schach ...
	hält Kontakt zu Angehörigen/Freunden/ ...
	benutzt den Rollator / ein Hörgerät ...

Die Angehörigen/Freunde	helfen dem Patienten/Bewohner bei ...
	übernehmen die Körperpflege / ...

Pflegeprobleme formulieren

Patient/Bewohner	hat trockene Haut / ein hohes Dekubitusrisiko / ...
	kann nicht selbstständig / ohne Hilfe gehen / ...
	kann sich nicht selbstständig umlagern / ...
	hat keinen Appetit / Kontakt zu anderen Bewohnern / ...
	ist oft traurig / gedrückter Stimmung / ängstlich / ...
	fühlt sich oft einsam/allein/ängstlich/ ...
	hört/sieht schlecht.
	leidet an ...
	braucht Unterstützung bei der Körperpflege / beim An- und Auskleiden / ...

Pflegeziele formulieren

Patient/Bewohner	kann sich ab ... selbstständig waschen/anziehen/ ...
	übernimmt ab ... Körperpflege/Essen/ ... selbstständig.
	fühlt sich sicher beim Sitzen auf der Bettkante / Toilettengang / ...
	fühlt sich verstanden / nicht einsam / ...

Selbstständigkeit beim Essen/Gehen / bei der Körperpflege bleibt erhalten.

Pflegemaßnahmen formulieren

Pflegepersonal	führt Hände des Patienten bei der Teilkörperwäsche / beim Essen / ...
Pflegefachkraft	übernimmt Reinigung/Pflege von Intimbereich/Füßen/ ... wäscht Patienten komplett. gibt jeweils morgens und abends / einmal/zweimal täglich ...
Physiotherapeut/in	sorgt für Bewegen der Gelenke / Mobilisation.

20 Patientenentlassung und Überleitung

2c Ratschläge für die Zeit nach der Entlassung geben

- Sie sollten auf jeden/keinen Fall ...
- Ich würde Ihnen empfehlen, Ihre Ernährung umzustellen / mehr Sport zu treiben / ...
- Der Arzt / Die Ärztin empfiehlt Ihnen, mit dem Rauchen aufzuhören / keinen Alkohol zu trinken / ...
- Am besten ist es, wenn Sie ...
- Achten Sie bei ... auf ...
- Sie dürfen in der nächsten Zeit / in den nächsten zwei Wochen / .... nicht ...
- Nehmen Sie diese Tabletten/Tropfen/... morgens und abends / einmal täglich / ...
- Machen Sie zu Hause weiter mit den Atemübungen / der Gymnastik / ...

3b Einen Transport organisieren

- Wir brauchen einen Transport am ... um ... Uhr.
- Der Patient / Die Patientin heißt ...
- Der Transport geht in die Waldstraße/ ... in ...
- Es gibt eine/keine Begleitperson.
- Der Patient / Die Patientin wird von seinem/ihrem Sohn / seiner/ihrer Tochter / ... begleitet.
- Der Patient / Die Patientin kann sitzend / muss liegend transportiert werden.
- Die Kosten für den Transport übernimmt die Versicherung des Patienten / der Patientin.

4b In ein Pflegeheim überleiten

◖ Herr/Frau ... wird nächste Woche / nächsten Montag / ... entlassen. Er/Sie kommt zurück in das / in ein Pflegeheim.

◖ Der Transport ist am ... um ... Uhr bei Ihnen.

◖ Sind die Angehörigen informiert?
Wird Herr/Frau ... von Angehörigen / ihrer Tochter / ... begleitet?

◖ Gibt es | etwas, was wir unbedingt wissen müssen?
akute Pflegeprobleme?
besondere Schwierigkeiten?

Alle anderen/wichtigen Informationen finden Sie / stehen im Pflegeüberleitungsbogen.

22 Eine Bewerbung schreiben

3b Sich schriftlich bewerben

◖ Sehr geehrte Damen und Herren, ...
Sehr geehrter Herr ... / Sehr geehrte Frau ..., ...

◖ ... ich möchte mich bei Ihnen um die Stelle als ... bewerben.
... In Ihrer Anzeige vom ... in ... suchen Sie ...
... mit großem Interesse habe ich Ihre Anzeige in ... gelesen und möchte mich bei Ihnen als ... bewerben.

◖ Zurzeit bin ich als ... im ... angestellt.
In meinem jetzigen Beruf als ... habe ich folgende Aufgaben übernommen: ...
Zu meinen derzeitigen Aufgaben zählt ...
An meinem jetzigen Arbeitsplatz bin ich für ... verantwortlich.
Ich habe die Bereiche ... kennengelernt und bin nun für ... zuständig.
In meinem derzeitigen Beruf als ... macht mir ... besonders viel Freude.

◖ Vor meiner jetzigen Tätigkeit | war ich bei ... angestellt/tätig.
habe ich ... gearbeitet.

◖ Ich habe Erfahrungen in ...
Praktische Erfahrungen in diesem Bereich konnte ich ... sammeln.
Durch meine Tätigkeit als ... konnte ich Erfahrungen in ... sammeln.

◖ Meine Ausbildung zum/zur ... habe ich ... erfolgreich abgeschlossen.
Berufsbegleitend habe ich eine Weiterbildung zum/zur ... gemacht.
Ich habe an ... teilgenommen und mich so zusätzlich qualifiziert.

◀ Ich möchte mich beruflich verändern, weil ...
An der Stelle interessiert mich besonders ...
Bei Ihnen bewerbe ich mich, weil ...

◀ Ich spreche fließend / verhandlungssicher / sehr gut / gut ...
Ich habe sehr gute / gute Kenntnisse in ...
Ich habe Grundkenntnisse in ...
Ich beherrsche den Umgang mit ...
Ich habe viel Erfahrung mit ...

◀ Als meine persönlichen und beruflichen Stärken empfinde ich ...
Ich bin ...
... habe ich bei meiner Tätigkeit/Arbeit in/im/bei ... bewiesen.

◀ Ich könnte │ zum ... für Sie tätig werden.
│ am ... bei Ihnen anfangen.

◀ Über │ die Möglichkeit │ zu einem persönlichen Gespräch würde ich mich sehr freuen.
│ eine Einladung │

Für ein Vorstellungsgespräch stehe ich Ihnen gern zur Verfügung.
Wenn ich Ihr Interesse geweckt haben sollte, würde ich mich über eine Einladung zu einem persönlichen Gespräch freuen.
Für weitere Auskünfte stehe ich Ihnen gern in einem persönlichen Gespräch zur Verfügung.

◀ Mit freundlichen Grüßen ...

Wortliste

1

Altenpfleger, der; - / _____

Altenpflegerin, die; -nen _____

Anleitung, die; -en _____

anstrengend _____

Arztpraxis, die; -praxen _____

Atemübung, die; -en _____

(Patienten) **aufnehmen** _____

Ausflug, der; ü-e _____

betreuen _____

Betreuung, die _____

Bewegungsübung, die; -en _____

Bewohner, der; - / _____

Bewohnerin, die; -nen _____

Blutdruck, der _____

Engagement, das _____

Geduld, die _____

Gesundheits- und Kinderkrankenpfleger,
der; -/ _____

Gesundheits- und Kinderkrankenpflegerin,
die; -nen _____

Gesundheits- und Krankenpfleger, der; - / _____

Gesundheits- und Krankenpflegerin, die;
-nen _____

Körperpflege, die _____

Krankenhaus, das; äu-er _____

Medikament, das; -e _____

messen _____

organisieren _____

Patient, der; -en / _____

Patientin, die; -nen _____

Pflegeassistent, der; -en / _____

Pflegeassistentin, die; -nen _____

Pflegeberuf, der; -e _____

Pflegehelfer, der; - / _____

Pflegehelferin, die; -nen _____

Pflegekraft, die; ä-e _____

psychologisch _____

Seniorenheim, das; -e _____

Spritze, die; -n _____

Tätigkeit, die; -en _____

Temperatur, die; -en _____

trösten _____

Trost, der _____

Umgang, der _____

unterstützen _____

Verband, der; ä-e _____

Verständnis, das _____

verteilen _____

wechseln _____

2

Abteilungsleiter, der; - / _____

Abteilungsleiterin, die; -nen _____

Altenpflegeheim, das; -e _____

(Verbände) **anlegen** _____

Apotheker, der; - / _____

Apothekerin, die; -nen _____

Arzt, der; Ä-e / _____

Ärztin, die; -nen _____

Auszubildende, der/die; -n _____

Behindertenwohnheim, das; -e _____

_____

Behinderung, die; -en _____

Bereich, der; -e _____

(sich) **beschweren** _____

delegieren _____

Demenz, die _____

Dienstzeit, die; -en _____

Direktion, die _____

Einrichtung, die; -en _____

Fachgebiet, das; -e _____

flexibel _____

Grundpflege, die _____

Gruppenleiter, der; - / _____

Gruppenleiterin, die; -nen _____

Gymnastik, die _____

häusliche Pflege, die _____

Hauswirtschafter, der; - / _____

Hauswirtschafterin, die; -nen _____

_____

hauswirtschaftlich _____

Heimleitung, die; -en _____

Hierarchie, die; -n _____

Hilfskraft, die; ä-e _____

interdisziplinär _____

Koch, der; ö-e / _____

Köchin, die; -nen _____

Küchenpersonal, das _____

Laborant, der; -en / _____

Laborantin, die; -nen _____

medizinisch _____

medizinisch-technische Assistent, der; -en /

_____

medizinisch-technische Assistentin, die;

-nen _____

mobil _____

Pflege, die _____

Pflegedienstleiter (PDL), der; - / _____

_____

Pflegedienstleiterin (PDL), die; -nen _____

Pflegedienstleitung (PDL), die, -en _____

_____

Pflegeeinrichtung, die; -en _____

_____

pflegen _____

Pfleger, der; - / _____

Pflegerin, die; -nen _____

Pflegeschüler, der; - / _____

Pflegeschülerin, die; -nen _____

Physiotherapeut, der; -en / _____

Physiotherapeutin, die; -nen _____

Psychologe, der; -n / _____

Psychologin, die; -nen _____

Reinigungskraft, die; ä-e _____

Seelsorger, der; - / _____

Seelsorgerin, die; -nen _____

servieren _____

Sozialarbeiter, der; - / _____

Sozialarbeiterin, die; -nen _____

Tagespflege, die _____

Team, das; -s _____

stationär _____

teilstationär _____

übernehmen _____

verantwortlich _____

Vorgesetzte, der/die; -n _____

weisungsbefugt _____

Wohnbereichsleiter, der; - / _____

Wohnbereichsleiterin, die; -nen _____

Zeitdruck, der _____

Zusammenarbeit, die _____

3

Abteilung, die; -en _____

Akutversorgung, die _____

Apotheke, die; -n _____

Aufenthaltsraum, der; äu-e _____

Aufnahme, die _____

Aufwachraum, der; äu-e _____

besuchen _____

Besucher, der; - / _____

Besucherin, die; -nen _____

Cafeteria, die; -s _____

Defibrillator (AED), der; -en _____

Dienstraum, der; äu-e _____

Dienstübergabe, die; -n _____

Erdgeschoss, das; -e _____

Etage, die; -n _____

Fahrstuhl, der; ü-e _____

Feuerlöscher, der; - _____

Hals-Nasen-Ohrenabteilung, die; -en _____

Hüfte, die; -n _____

Information, die _____

Intensivstation (ITS), die; -en _____

Kinderstation, die; -en _____

Kreißsaal, der; -säle _____

Labor, das; -e _____

Notaufnahme, die _____

Notausgang, der; ä-e _____

Notruftelefon, das; -e _____

Operation, die; -en _____

Operationssaal, der; -säle _____

operieren _____

Orientierung, die _____

Patientenzimmer, das; - _____

Rettungsstelle, die _____

Röntgen, das _____

Röntgenabteilung, die; -en _____

Sammelstelle, die; -n _____

Schwesternzimmer, das; - _____

Stationsküche, die; -n _____

Stock, der; ö-e _____

untersuchen _____

4

Abendbrot, das _____

bettlägerig _____

Bettpfanne, die; -n _____

Blutdruckmessgerät, das; -e _____
_____

Blutzuckermessgerät, das; -e _____
_____

Brotkorb, der; ö-e _____

Desinfektionsmittel, das; - _____

Einschränkung, die; -en _____

Fieberthermometer, das; - _____

Gabel, die; -n _____

Gehstock, der; ö-e _____

Gehwagen, der; - _____

Glas, das; ä-er _____

Gymnastikball, der; ä-e _____

Hilfsmittel, das; - _____

höhenverstellbar _____

Hörgerät, das; -e _____

Infektion, die; -en _____

Inkontinenz, die _____

Lagerungskissen, das, - _____

Löffel, der; - _____

Medikament, das; -e _____

Medizin, die _____

Messer, das; - _____

Mobilisation, die _____

Mund-Nase-Schutz, der _____

Patientenlifter, der; - _____

Pfefferstreuer, der; - _____

Pflaster, das; - _____

Pflegebett, das; -en _____

Rollator, der; -en _____

Rollstuhl, der; ü-e _____

Salbe, die; -n _____

Salzstreuer, der; - _____

Sauberkeit, die _____

Schale, die; -n _____

Schutz, der _____

Schutzhandschuhe, die (Pl.) _____

Serviette, die; -n _____

Spritze, die; -n _____

Stethoskop, das; -e _____

Tablette, die; -n _____

Tasse, die; -n _____

Teller, der; - _____

Thromboseprophylaxestrümpfe, die (Pl.) _____

Toilettengang, der; ä-e _____

Toilettenstuhl, der; ü-e _____

Tropfen, der; - _____

Untersuchung, die; -en _____

Untertasse, die; -n _____

Urinflasche, die; -n _____

Verband, der; ä-e _____

Versorgung, die _____

Vorlage, die; -n _____

Wunde, die; -n _____

zubereiten _____

5

ankleiden _____

(eine Bestellung) **aufnehmen** _____

aufstehen _____

diensthabende Arzt, der / _____

diensthabende Ärztin, die _____

Dienstplan, der; ä-e _____

Dienstübergabe, die; -n _____

Dienstzeit, die; -en _____

Durchgang, der; ä-e _____

ergreifen _____

Essensbestellung, die; -en _____

Feierabend, der; -e _____

Frühaufsteher, der; - / _____

Frühaufsteherin, die; -nen _____

Frühdienst, der; -e _____

Kontrollgang, der; ä-e _____

kontrollieren _____

(sich) **kümmern** (um) _____

Lagerung, die; -en _____

leeren _____

Medikamentenrunde, die; -n _____

_____

Morgenroutine, die; -n _____

Mund- und Zahnpflege, die _____

_____

Nachtdienst, der; -e _____

Notfall, der; ä-e _____

Notfallmaßnahme, die; -n _____

Puls, der _____

(Betten) **richten** _____

Schlafstörung, die; -en _____

Spätdienst, der; -e _____

Transport, der; -e _____

übergeben _____

überprüfen _____

versorgen _____

Zubettgehen, das _____

6

Arm, der; -e _____

Atmung, die _____

Auge, das; -n _____

ausscheiden _____

Bauch, der; äu-e _____

Bauchspeicheldrüse, die; -n _____

Becken, das; - _____

Bein, das; -e _____

Blut, das _____

Brust, die _____

Brustbein, das; -e _____

Daumen, der; - _____

Dickdarm, der; ä-e _____

Eiweiß, das; -e _____

Elektrolyt, der; -e _____

Elle, die; -n _____

Ellenbogen, der; - _____

Endprodukt, das; -e _____

Entgiftung, die _____

Enzym, das; -e _____

Fett, das; -e _____

Finger, der; - _____

Fuß, der; ü-e _____

Fußwurzel, die; -n _____

Gesicht, das; -er _____

Hand, die; ä-e _____

Handwurzel, die; -n _____

Hals, der; ä-e _____

Halswirbelsäule, die; -n _____

Harn, der _____

Harnblase, die; -n _____

Herz, das; -en _____

Kinn, das; -e _____

Knie, das; - _____

Körper, der; - _____

Körperteil, der; -e _____

Kohlenhydrat, das; -e _____

Kopf, der; ö-e _____

Kreuz- und Steißbein, das; -e _____

Leber, die; -n _____

Luftröhre, die; -n _____

Lunge, die; -n _____

Magen, der; ä- _____

miochen _____

Mund, der; ü-er _____

Nahrung, die _____

Nase, die; -n _____

Niere, die; -n _____

Oberarm, der; -e _____

Oberarmknochen, der; - _____

Oberkiefer, der; - _____

Oberschenkel, der; - _____

Oberschenkelknochen, der; - _____

Ohr, das; -en _____

Organ, das; -e _____

pumpen _____

Rachen, der; - _____

resorbieren _____

Rippe, die; -n _____

Schädel, der; - _____

Schienbein, das; -e _____

Schlüsselbein, das; -e _____

Schulter, die; -n _____

Skelett, das; -e _____

Speiche, die; -n _____

speichern _____

Speiseröhre, die; -n _____

Stirn, die, -en _____

Stoffwechsel, der _____

Stuhlinhalt, der _____

transportieren _____

Unterarm, der; -e _____

Unterkiefer, der; - _____

Unterschenkel, der; - _____

Urin, der _____

Verdauung, die _____

Wadenbein, das; -e _____

Wange, die; -n _____

Wirbelsäule, die; -n _____

Zeh, der; -en _____

7

adipös _____

Adipositas, die _____

Äußerung, die; -en _____

akut _____

aushalten _____

Beobachtung, die; -en _____

beschreiben _____

Beschwerden, die (Pl.) _____

blass _____

bohrend _____

brennend _____

chronisch _____

dumpf _____

Empathie, die _____

Ernährungszustand, der; ä-e _____

_____

fettig _____

fettleibig _____

glänzen _____

Haut, die _____

Hautfarbe, die; -n _____

Hautspannung, die _____

Hauttyp, der; -en _____

heftig _____

klar _____

Kompetenz, die; -en _____

kultursensible Pflege, die _____

_____

Missverständnis, das; -se _____

Mitgefühl, das _____

Pflegebedürftige, der/die; -n _____

_____

pochend _____

quälend _____

rau _____

reduziert _____

Respekt, der _____

rissig _____

Schmerz, der; -en _____

schuppig _____

stechend _____

sterben _____

Symptom, das; -e _____

trocken _____

Übergewicht, das _____

übergewichtig _____

übertreiben _____

Übertreibung, die; -en _____

unerträglich _____

unrein _____

Untergewicht, das _____

untergewichtig _____

Veränderung, die; -en _____

(sich) verhalten _____

wehtun _____

8

aufwecken _____

behilflich sein _____

(sich) erschrecken _____

feucht _____

freimachen _____

Gerät, das; -e _____

Handtuch, das; ü-er _____

Müsli, das _____

pieken _____

reichen _____

Schmerztablette, die; -n _____

Sorge, die; -n _____

Thromboseprophylaxe, die; -n _____

Waschlappen, der; - _____

Zahnbürste, die; -n _____

9

achten (auf) _____

anordnen _____

Aufnahmeformular, das; -e _____

Bestellung, die; -en _____

(sich) ekeln (vor) _____

Energie, die _____

Ernährung, die _____

flüssig _____

Gericht, das; -e _____

Geschmack, der _____

Gewicht, das _____

Gewohnheit, die; -en _____

guttun _____

Hauptspeise, die; -n _____

Identität, die; -en _____

kauen _____

Kost, die _____

Kostform, die; -en _____

kulturell _____

Lebensmittel, die (Pl.) _____

Nachtisch, der; -e _____

persönlich _____

Persönlichkeit, die; -en _____

prägen _____

püriert _____

reduzieren _____

religiös _____

schlucken _____

schmecken _____

Speisekarte, die; -n _____

streiten _____

tierisch _____

ungenießbar _____

Veganer, der; - / _____

Veganerin, die; -nen _____

Vegetarier, der; - / _____

Vegetarierin, die; -nen _____

verordnen _____

Versorgung, die; -en _____

Vollkost, die _____

Vorliebe, die; -n _____

10

begleiten _____

Biografiearbeit, die _____

Demenz, die _____

Demenzpatient, der; -en / _____

Demenzpatientin, die; -nen _____

Erinnerung, die; -en _____

Lieblingsroman, der; -e _____

Lieblingsverein, der; -e _____

Pflegeempfänger, der; - / _____

Pflegeempfängerin, die; -nen _____

Schwarzbrot, das _____

Thema, das; Themen _____

Tipp, der; -s _____

Toast, der _____

Waschbecken, das; - _____

(sich) waschen _____

11

Ärger, der _____

(jemanden/sich) beruhigen _____

Beschwerde, die; -n _____

Blickkontakt, der _____

einsam _____

(sich) entschuldigen _____

Klage, die; -n _____

Kritik, die _____

Lösung, die; -en _____

meckern _____

nachfragen _____

Reaktion, die; -en _____

stattdessen _____

versprechen _____

(Informationen) weitergeben _____

12

Angehörige, der/die; -n _____

Auf Wiederhören. _____

Auskunft, die; ü-e _____

Besuchszeit, die; -en _____

Detail, das; -s _____

Diagnose, die; -n _____

Ehrensache, die _____

Einverständnis, das; -se _____

Entlassung, die; -en _____

Freizeitprogramm, das; -e _____

gelten _____

Gern geschehen. _____

Hausarzt, der; ä-e / _____

Hausärztin, die; -nen _____

höflich _____

juristisch _____

schwach _____

Schweigepflicht, die _____

Schwiegermutter, die; ü- / _____

Schwiegervater, der; ä- _____

Stationszimmer, das; - _____

(sich) strafbar machen _____

Therapie, die; -n _____

Tod, der _____

verlaufen _____

Weiterbehandlung, die; -en _____

_____

(Informationen) **weitergeben** _____

_____

13

Allgemeinzustand, der _____

Änderung, die; -en _____

ankleiden _____

Aushilfe, die; -n _____

auskleiden _____

Dienstübergabe, die; -n _____

fiebersenkend _____

Gedächtnis, das; -se _____

Materialbestellung, die; -en _____

mündlich _____

Pflegemaßnahme, die; -n _____

Pflegeproblem, das; -e _____

Pflegeressource, die; -n _____

Praktikant, der; -en / _____

Praktikantin, die; -nen _____

Reihenfolge, die; n _____

schriftlich _____

stabil _____

Stationshilfe, die; -n _____

Therapeut, der; -en / _____

Therapeutin, die; -nen _____

Verbandsmaterial, das _____

Wäschewagen, der; - _____

14

Ausgleich, der; -e _____

(sich) **beschäftigen** (mit) _____

Bettruhe, die _____

Dekubitus, der _____

(sich) **entspannen** _____

(sich) **erholen** _____

gedrückt _____

Herzbettlage, die _____

Herzinsuffizienz, die _____

instabil _____

leiden (an) _____

Pflegedokumentation, die; -en _____

Smalltalk, der _____

Stimmung, die; -en _____

Stimmungsschwankung, die; -en _____

_____

strikt _____

tabu _____

Witz, der; -e _____

Zustand, der _____

15

Berufsleben, das _____

Bettdecke, die; -n _____

Bettrahmen, der; - _____

duzen _____

fachlich _____

Fallbesprechung, die; -en _____

Fraktur, die; -en _____

Gelenk, das; -e _____

Gewicht, das _____

intensiv _____

Kontraktur, die; -en _____

Massage, die; -n _____

Muskel, der; -n _____

Niveau, das; -s _____

Prophylaxe, die; -n _____

Risiko, das; Risiken _____

Schmerztherapie, die; -n _____

Schonhaltung, die; -en _____

siezen _____

steif _____

verkürzt _____

vermeiden _____

16

Auf Wiederhören. _____

ausrichten _____

benachrichtigen _____

besetzt _____

buchstabieren _____

erreichen _____

hinterlassen _____

Klinikum, das; Kliniken _____

Laborwert, der; -e _____

Leitung, die; -en _____

nachfragen _____

Nachricht, die; -en _____

Schilddrüse, die; -n _____

verbinden (mit) _____

Versicherung, die; -en _____

Versicherungsnummer, die; -n _____

Verwaltung, die; -en _____

zurückrufen _____

17

abrechnen _____

Abrechnung, die; -en _____

(sich) äußern _____

aktuell _____

Anordnungsnachweis, der; -e _____

ausrutschen _____

barfuß _____

benutzen _____

Biografiebogen, der; - _____

blenden _____

Daten, die (Pl.) _____

Datenschutz, der _____

Dokumentationsformular, das; -e _____

dokumentenecht _____

(sich) erschrecken _____

Formular, das; -e _____

Formulierung, die; -en _____

gerötet _____

Hämatom, das; -e _____

hilfreich _____

Informationsweitergabe, die; -n _____

klagen über ___

Knochenbruch, der; ü-e ___

kontinuierlich ___

Kurve, die; -n ___

Lagerungsplan, der; ä-e ___

laut ärztlicher Anordnung ___

___

Lebensgeschichte, die; -n ___

___

Leistungsnachweis, der; -e ___

___

lückenlos ___

Maßnahme, die; -n ___

Pflegeanamnesebogen, der; - ___

___

Pflegeberichtsformular, das; -e ___

___

Pflegedokumentation, die; -en ___

___

Pflegeplanung, die; -en ___

Pflegeproblem, das; -e ___

Pflegeressource, die; -n ___

Qualitätssicherung, die ___

___

Schnürsenkel, der; - ___

Stammdatenformular, das; -e ___

___

stolpern ___

Sturz, der; ü-e ___

stürzen ___

Sturzprotokoll, das; -e ___

Ziel, das; -e ___

18

Allergie, die; -n ___

Alltag, der ___

Anamnese, die; -n ___

Anamnesebogen, der; - ___

ängstlich ___

Arztbrief, der; -e ___

Ausscheidung, die; -en ___

desorientiert ___

Einstellung, die; -en ___

Erstgespräch, das; -e ___

Hörbehinderung, die; -en ___

___

inkontinent ___

Nahrungsaufnahme, die ___

___

Pflegeanamnese, die; -n ___

Religionszugehörigkeit, die; -en ___

___

Sehbehinderung, die; -en ___

selbstständig ___

Störung, die; -en ___

Stuhl, der ___

unselbstständig ___

verloren ___

Zahnprothese, die; -n ___

19

benutzen _____

bewerten _____

Dekubitusrisiko, das _____

durchführen _____

entlassen _____

festlegen _____

Gelenk, das; -e _____

Intimbereich, der; -e _____

motiviert _____

Pflegepersonal, das _____

Pflegeplanung, die; -en _____

Pflegeproblem, das; -e _____

Pflegeressource, die; -n _____

Reinigung, die; -en _____

Teilkörperwäsche, die; -n _____

_____

überprüfbar _____

(sich) umlagern _____

wund _____

20

abnehmen _____

achten (auf) _____

Ballaststoff, der; -e _____

Begleitperson, die; -en _____

dringend _____

empfehlen _____

Entlassung, die; -en _____

Gute Besserung. _____

Herzinfarkt, der; -e _____

in Frage kommen _____

Kontrolluntersuchung, die; -en _____

Kosten, die (Pl.) _____

Krankentransportwagen (KTW), der; - _____

Krankenversicherungskarte, die; -n _____

Magengeschwür, das; -e _____

Ratschlag, der; ä-e _____

Stress, der _____

Transport, der; -e _____

Überleitung, die; -en _____

Überleitungsbogen, der; - _____

Unterlagen, die (Pl.) _____

Vollkornprodukt, das; -e _____

21

Ambulanz, die; -en _____

Arbeitsweise, die; -n _____

Assistenz, die; -en _____

Aufsicht, die; -en _____

Ausbildung, die; -en _____

belastbar _____

Belastbarkeit, die _____

Berufsausbildung, die; -en _____

Berufserfahrung, die; -en _____

Eigenschaft, die; -en _____

Einfühlungsvermögen, das _____

_____

engagiert _____

Entscheidung, die; -en _____

examiniert _____

flexibel _____

Flexibilität, die _____

(halbseitig) gelähmt _____

Intensivpflege, die _____

Kenntnis, die; -se _____

liebevoll _____

PKW, der; - _____

Schichtdienst, der; -e _____

schichtdiensttauglich _____

_____

Schlaganfall, der; ä-e _____

sensibel _____

Stelle, die; -n _____

Stellenangebot, das; -e _____

Stellenanzeige, die; -n _____

teamfähig _____

Teilzeit, die _____

Verstärkung, die _____

Vollzeit, die _____

Voraussetzung, die; -en _____

Vorstellungsgespräch, das; -e _____

_____

zuverlässig _____

22

abgeschlossen _____

Anästhesie, die _____

anerkannt _____

Anlage, die; -n _____

Anrede, die; -n _____

Anschreiben, das; - _____

Arbeitsort, der; -e _____

beherrschen _____

Berufsausbildung, die; -en _____

berufsbegleitend _____

Betreff, der _____

(sich) bewerben (bei; um/für) _____

Bewerbung, die; -en _____

Bewerbungsunterlagen, die (Pl.) _____

_____

Empfänger, der; - _____

Fähigkeit, die; -en _____

Gesundheitszeugnis, das; -se _____

_____

Kopie, die; -n _____

Lebenslauf, der; äu-e _____

Nachweis, der; -e _____

Qualifikation, die; -en _____

Schulbildung, die _____

Übersiedlung, die; -en _____

Unterschrift, die; -en _____

verantwortlich _____

Weiterbildung, die; -en _____

Zeugnis, das; -se _____

Hörtexte

1

4a

◀ Willkommen beim täglichen Berufsgespräch auf Radio Paradies. Unser heutiger Gast ist die Gesundheits- und Krankenpflegerin Katja Müller. Guten Morgen, Frau Müller, und herzlich willkommen! Wie lange arbeiten Sie schon als Gesundheits- und Krankenpflegerin?

◀ Also, ich bin seit fünf Jahren im Krankenhaus tätig. Davor habe ich zwei Jahre lang in einer Arztpraxis gearbeitet.

◀ Aha, und warum haben Sie sich für einen Pflegeberuf entschieden?

◀ Mir macht es Spaß, mit Menschen zusammenzuarbeiten, sie zu betreuen und ihnen zu helfen.

◀ Welche Aufgaben haben Sie im Krankenhaus?

◀ Sehr verschiedene! Ich nehme unsere Patienten auf und betreue sie. Das heißt zum Beispiel, dass ich ihnen Essen bringe, bei der Körperpflege helfe und da bin, wenn es Fragen gibt. Natürlich spende ich auch Trost und höre zu.

◀ Wie schaffen Sie es, Ihre anstrengende Arbeit mit Spaß und Engagement zu machen?

◀ Man muss schon viel Geduld und Verständnis mitbringen, aber ich arbeite einfach gern im engen Kontakt mit den Patienten und es ist mir wichtig, ihnen die Angst zu nehmen.

◀ Vielen Dank, Frau Müller, dass Sie Ihren Beruf vorgestellt haben.

2

2

Mein Name ist Sascha Richter. Ich bin jetzt 32 Jahre alt. Seit ... oh, schon seit zehn Jahren arbeite ich im Seniorenheim am Waldsee in Göttingen. Dort helfe ich beim Essen und Waschen, mache Gymnastik mit den Bewohnern und noch viel mehr. Ganz toll finde ich den Kontakt zu den alten Menschen. Ich lerne viel von ihnen. Leider sind die Dienstzeiten ziemlich schwierig für mein Privatleben. Meine Freundin beschwert sich oft, dass wir uns zu selten sehen. Aber so ist es eben.

Hi, ich bin Katja Müller. Ich bin 27 Jahre alt und dass ich seit fünf Jahren im Krankenhaus arbeite, habe ich ja schon erzählt. Um alle meine Aufgaben aufzuzählen, haben wir gar nicht genug Zeit. Morgens wasche ich zum Beispiel die Patienten und messe den Blutdruck, bei einigen auch die Temperatur. Dann serviere ich das Frühstück.
Ich mag meine Arbeit sehr gern, weil ich die enge Zusammenarbeit mit meinen Kolleginnen toll finde. Wir sind ein gutes Team! Nicht so gut gefällt mir, dass wir auf unserer Station so wenig Pflegerinnen und Pfleger sind. Wir arbeiten oft unter Zeitdruck.

Hallo, ich heiße Olga Zielinska. Ich bin 42 Jahre alt, lebe seit zwölf Jahren in Berlin und arbeite in der mobilen Pflege. Ich pflege alte und behinderte Menschen in ihrem Zuhause. Dort übernehme ich dieselben Aufgaben wie Pfleger in Seniorenheimen. Es gefällt mir, dass meine Arbeit flexibel ist und dass ich nicht immer am selben Ort bin. Manchmal habe ich aber Probleme, weil die Arbeit körperlich sehr anstrengend ist. Ich muss die Menschen ja oft allein heben oder drehen, das ist nicht gut für den Rücken.

Mein Name ist Teresa Procházková. Ich bin 44 Jahre alt und arbeite in Bremen in einer Tagespflegeeinrichtung. Zu uns kommen Menschen, die mit ihren Familien zusammenleben. Für die Familien ist die Pflege den ganzen Tag über aber nicht möglich. Vor allem Menschen mit Demenz verbringen den Tag bei uns. Für sie sind die sozialen Kontakte und die Beschäftigung, die wir anbieten, am wichtigsten. Dann geht es ihnen oft richtig gut. Das gefällt mir.

Schade finde ich, dass manche Menschen nur für kurze Zeit kommen. Wenn ich sie gerade ein bisschen kennengelernt habe, sind sie schon wieder weg.

3
3

- Entschuldigung, ich möchte meine Tochter besuchen. Sie liegt auf der Kinderstation im Zimmer 03. Wie komme ich denn dorthin?
- Die Kinderstation, da müssen Sie in den zweiten Stock. Gehen Sie hier weiter und an der Information vorbei. Der Fahrstuhl ist rechts hinter der Information. Im zweiten Stock fragen Sie am besten noch einmal nach dem Weg zum Zimmer.
- Vielen Dank.
- Gern geschehen.

- So, Frau Sievert. In einer Viertelstunde haben Sie einen Termin in der Röntgenabteilung. Da wird Ihre Hüfte noch einmal geröntgt.
- Da war ich ja vor zwei Wochen schon. Können Sie mir den Weg trotzdem noch einmal erklären? Ich erinnere mich nicht gut.
- Natürlich. Sie müssen in den vierten Stock. Wenn Sie dort aus dem Fahrstuhl kommen, wenden Sie sich nach links und gehen bis zur Glastür. Hinter der Tür beginnt die Röntgenabteilung.
- Na, das ist ja nicht schwer zu finden.

5
3

- Mariam, wie sieht es denn bei dir nächste Woche mit den Diensten aus? Felix und ich wollen Freitag ins Kino, kommst du mit?
- Moment, ich gucke mal auf meinen Dienstplan. Freitag, das ist der 15., oder? Hm, nein, das geht leider nicht, da habe ich Spätdienst.
- Wie schade.
- Ja, die nächste Woche sieht bei mir nicht gut aus. Ich habe ausnahmsweise in einer Woche Frühdienst, Spätdienst und Nachtdienst!
- Oje, wie kommt das denn?
- Naja, zwei Kolleginnen sind krank und eine ist im Urlaub. Da geht es leider nicht anders.
- Dann kommst du sicher auch nicht mit zum Frühstücken mit Svenja und Aline am Samstag?
- Samstag..., das ist der 16. Also, arbeiten muss ich vormittags nicht. Aber es kann natürlich sein, dass ich sehr müde bin. Ich glaube, das muss ich spontan entscheiden. Aber am Sonntagnachmittag können wir auf jeden Fall etwas Schönes machen.
- Prima, da habe ich auch noch keine Pläne!

7
4a

- Guten Tag, Frau Yıldırım. Sie haben Schmerzen in der Brust, ist das richtig?
- Ja, ich habe schreckliche Schmerzen. Wie ein Messer in meiner Brust!
- Wo genau tut es denn weh?
- Hier um das Herz und in den Lungen.
- Können Sie den Schmerz genauer beschreiben?
- Es brennt wie Feuer, wenn ich atme! Ich denke, ich sterbe, ich kann es nicht aushalten!
- Hm, gut, Frau Yıldırım. Wann tut es denn weh?
- Immer! Tag und Nacht. Es hört nie auf. Ich halte das nicht mehr aus!
- Und seit wann haben Sie diese Schmerzen?
- Seit drei Tagen, seit Mittwochabend.
- Und haben Sie noch andere Beschwerden zusammen mit den Schmerzen?
- Ja, mir ist so schrecklich übel! Ich denke, jemand tritt mir immer wieder in den Bauch oder ich habe etwas Giftiges gegessen. Ich kann auch seit drei Tagen nichts mehr essen. Ich möchte am liebsten sterben, wenn alles so wehtut

◀ Gut, Frau Yıldırım. Ich werde mit dem Arzt sprechen.

(Die Pfleger verlassen den Raum und reden weiter.)

◀ Ach, die übertreibt doch, meinst du nicht?

◀ Wie kommst du denn darauf? Du weißt doch, dass Schmerzen in anderen Kulturen oft anders gezeigt werden als bei uns! Das heißt nicht, dass wir ihre Schmerzen nicht ernst nehmen müssen!

◀ Naja, stimmt. Wahrscheinlich hast du recht.

8

2

◀ Hier bitte, Frau Schröder, Ihre Zahnbürste.

◀ Danke. Könnten Sie mir noch einen feuchten Waschlappen reichen?

◀ Natürlich, bitte schön. Und hier ist auch Ihr Handtuch. Soll ich Ihnen später noch die Haare machen?

◀ Zuerst messe ich Ihren Blutdruck. Würden Sie bitte Ihren linken Arm freimachen? Erschrecken Sie nicht, das Gerät ist sehr kalt.

◀ Und was machen Sie dann noch, Schwester?

◀ Anschließend gebe ich Ihnen noch eine Spritze als Thromboseprophylaxe. Das piekt nur kurz, aber es tut nicht weh. Machen Sie sich keine Sorgen!

◀ Guten Morgen, Frau Meierhof, wie haben Sie geschlafen?

◀ Ach, ich habe nicht so gut geschlafen, ich hatte die ganze Nacht Rückenschmerzen.

◀ Das tut mir leid. Wenn die Schmerzen zu groß werden, dann fragen Sie nach einer Schmerztablette! Ich bringe Ihnen jetzt Ihr Frühstück.

◀ Danke, das ist schön. Oh, kann ich noch etwas Müsli bekommen?

◀ Ja, natürlich. Das bringe ich Ihnen gleich. Möchten Sie vielleicht noch Saft?

◀ Nein, danke. Aber könnte ich vielleicht einen Kakao bekommen?

9

3

◀ Guten Morgen, Frau Siebert. Ich nehme die Bestellung für das Mittagessen auf. Haben Sie sich von der Speisekarte etwas ausgesucht?

◀ Ja, guten Morgen, Schwester Ayşe. Also, die Kartoffelpuffer mit Zucker nehme ich nicht. Das ist doch ein Nachtisch und keine Hauptspeise! Nein, ich nehme den Bohneneintopf. Das hört sich gut an.

◀ Gern, Frau Siebert, also einmal Bohneneintopf. Möchten Sie dazu einen kleinen Salat?

◀ Ach nein, danke. Ich mag dieses Grünzeug nicht!

◀ Gut, also keinen Salat. Und was möchten Sie zum Nachtisch?

◀ Da nehme ich bitte das Vanilleeis mit heißen Himbeeren.

◀ Ist notiert, Frau Siebert. Haben Sie sonst noch einen Wunsch?

◀ Nein, damit bin ich zufrieden.

◀ Gut, dann bis später, Frau Siebert.

◀ Hallo, Herr Arslan. Ich habe im Aufnahmeformular gesehen, dass Sie Moslem sind. Deshalb wollte ich fragen, ob wir bei Ihrem Essen auf bestimmte Dinge achten müssen?

◀ Ach, Sie meinen, ob ich Schweinefleisch esse? Ja, ja, das mache ich. Ich bin da nicht so genau. Bei meinen Eltern gibt es natürlich kein Schweinefleisch, aber meiner Frau und mir ist das nicht so wichtig.

◀ Gut, das heißt, wir müssen nichts Spezielles beachten?

◀ Genau. Aber wenn Sie mich glücklich machen wollen, dann kochen Sie doch ab und zu mal ein türkisches Gericht! Ich liebe türkisches Essen.

◀ Oh, ich fürchte, das ist zu schwierig für unsere Küche. Aber ich frage mal nach!

◀ Das ist nett, vielen Dank! Nichts anderes aus meiner Heimat vermisse ich so sehr wie das Essen!

◀ Hallo, Schwester! Könnte ich bitte noch ein Stück Butter zu meinem Brot bekommen?

◀ Es tut mir leid, Herr Berger, aber die Ärztin hat für Sie fettarme Kost angeordnet.

◀ Aber das schmeckt doch so nicht! Das ist ja so trocken ohne Butter!

◀ Ja, Herr Berger, ich kann Sie verstehen. Wegen Ihrer Herzkrankheit ist es aber wichtig, dass Sie wenig Fett essen und Ihr Gewicht reduzieren. Es wird Ihnen guttun.

10

1

◀ Guten Morgen, Herr Schulz.

◀ Guten Morgen.

◀ Könnten Sie kurz aufstehen, ich möchte Ihnen gern das Bett machen.

◀ Ja, natürlich, sofort.

◀ Das Mädchen auf dem Foto ist aber hübsch. Ist das Ihre Tochter?

◀ Ja, das ist Maja. Sie ist gestern neun Jahre alt geworden.

◀ Oh, das ist aber schön. Haben Sie noch mehr Kinder?

◀ Ja, meine älteste Tochter ist schon erwachsen. Und mein Sohn ist erst drei.

◀ Und was macht Ihre Tochter beruflich?

◀ Sie arbeitet in der Stadtbücherei in Münster und kümmert sich um die Kinderbücher.

◀ Das hört sich aber sehr interessant an. Da hat sie sicher immer gute Tipps für Ihre beiden kleineren Kinder!

◀ Herr Bauer, möchten Sie sich heute am Waschbecken waschen?

◀ Ja, gern. Was für ein schönes Winterwetter, nicht wahr?

◀ Ja, heute ist es wirklich eiskalt und ich glaube, es hat die ganze Nacht geschneit.

◀ Wie schön! Ich fahre so gern Ski.

◀ Ja, das ist ein schöner Sport. Treiben Sie noch mehr Sport?

◀ Nein, nicht aktiv. Aber früher habe ich Fußball gespielt und das interessiert mich immer noch sehr!

◀ Was ist denn Ihr Lieblingsverein?

◀ Ich bin schon seit meiner Kindheit ein großer Fan von …

◀ Herr Wagner, hier kommt das Frühstück. Möchten Sie Toast oder Schwarzbrot?

◀ Schwarzbrot, bitte, ich liebe Schwarzbrot! Das habe ich früher auf meinen Reisen am meisten vermisst!

◀ Sind Sie so häufig gereist?

◀ Oh ja, ich war zwanzig Jahre lang Reiseleiter.

◀ Oh, das klingt aber interessant. Und was genau haben Sie als Reiseleiter gemacht?

◀ Nun, ich habe Reisegruppen in die halbe Welt begleitet und dabei …

◀ Frau Müller, Ihr Blutdruck beträgt heute 140/90. Ich komme heute Nachmittag wieder und messe noch mal.

◀ Ja, vielen Dank.

◀ Oh, Sie lesen „Der Schwarm" von Frank Schätzing.

◀ Ja, das ist einer meiner Lieblingsromane, ich habe ihn schon zweimal gelesen. Kennen Sie ihn?

◀ Ja, der ist wirklich sehr spannend. Haben Sie auch sein neues Buch gelesen?

◀ Nein, aber mein Bruder will es mir bei seinem nächsten Besuch mitbringen. Ich bin schon sehr gespannt!

1a/2b

◖ Ich bin wirklich unzufrieden und möchte mich beschweren! Ich glaube, dass Ihnen niemand richtig gesagt hat, was Sie mit mir machen müssen.

◗ Was wollen Sie mir denn damit sagen? Glauben Sie etwa, dass die Kollegen wichtige Informationen nicht weitergeben? Da irren Sie sich!

◖ Aber Sie fragen mich jetzt schon zum dritten Mal etwas, was ich genau mit Ihrer Kollegin besprochen habe.

◗ Nein, das kann nicht sein. Ich denke, Sie verwechseln da etwas. Und jetzt stehen Sie bitte kurz auf, damit ich Ihr Bett machen kann.

◖ Herr Seigelt, das Essen ist heute wirklich ungenießbar! Schauen Sie doch mal, man kann gar nicht sehen, was das sein soll!

◗ Es tut mir leid, dass Ihnen das Essen heute nicht schmeckt, Frau Hansen. Hm, leider gibt es kein anderes Hauptgericht. Möchten Sie vielleicht noch etwas mehr Suppe?

◖ Na gut, meinetwegen. Die war ja gar nicht so schlecht.

◗ Gut, dann bringe ich Ihnen gleich noch einen Teller!

◖ Schwester, das geht doch so nicht. Sie sind immer so schnell mit mir.

◗ Oh, das habe ich gar nicht gemerkt, Frau Greber. Wie genau meinen Sie denn das?

◖ Sie rennen in mein Zimmer und sind im nächsten Moment schon wieder weg. So schnell kann ich gar nicht gucken! Und der junge Pfleger macht es genauso!

◗ Verstehe ich Sie richtig und Sie möchten gern, dass wir uns mehr Zeit für Sie nehmen?

◖ Ja, sicher!

◗ Und wie wäre die Situation für Sie angenehmer?

◖ Wenn man auch mal ein oder zwei Sätze miteinander sprechen würde! Man liegt hier den ganzen Tag allein und wenn man dann mal einen Menschen sieht, dann ist er gleich wieder weg.

◗ Bei uns auf der Station ist es leider so, dass wir alle unter starkem Zeitdruck arbeiten. Trotzdem versuchen wir, besser auf Ihre Wünsche zu achten. Und ich werde auch mit meinem Kollegen, Herrn Peters, darüber sprechen. Sind Sie damit einverstanden?

◖ Ja, das ist sehr nett von Ihnen. Ich will ja auch nicht immer meckern, aber man ist eben so einsam.

◗ Das verstehe ich gut, Frau Greber.

1

◗ Kann ich Ihnen helfen?

◖ Guten Tag, Bergmann mein Name. Mein Vater wurde heute operiert. Ich wüsste gern, wie es ihm geht.

◗ Ihrem Vater geht es gut, aber er schläft noch.

◖ Wie war denn die Operation?

◗ Die Operation ist gut verlaufen.

◖ Was genau wurde denn bei der Operation gemacht?

◗ Das kann ich Ihnen leider nicht sagen. Da müssen Sie direkt mit dem behandelnden Arzt, Doktor Rode, sprechen.

◖ Oh. Könnten Sie ihn vielleicht holen?

◗ Leider ist er im Moment nicht zu sprechen. Sie können aber hier auf ihn warten. Ich informiere ihn.

◖ Gut, danke. Dann warte ich hier.

2

◗ Guten Tag.

◗ Guten Tag, kann ich Ihnen helfen?

◀ Ich möchte meine Schwiegermutter, Frau Hoffmann, besuchen. Sie wurde gestern Abend eingeliefert.

◀ Sie liegt im Zimmer 305. Sie ist noch sehr schwach, aber sie freut sich bestimmt über Besuch.

◀ Können Sie mir sagen, was der Grund für ihre Schmerzen war? Gibt es schon eine Diagnose?

◀ Das darf ich Ihnen leider nicht sagen. Aber ich rufe den Stationsarzt an. Sie können hier auf ihn warten.

◀ Vielen Dank, das ist nett!

◀ Guten Tag, ich bin Silke Reichmann, die Tochter von Frau Vogel.

◀ Guten Tag, Frau Reichmann. Schön, dass Sie Ihre Mutter besuchen!

◀ Wie geht es ihr denn?

◀ Sie ist häufig sehr müde. Und sie spricht nicht viel und äußert kaum Wünsche. Wissen Sie vielleicht, was Ihre Mutter besonders gern isst oder trinkt?

◀ Ja, das kann ich Ihnen gern genau erklären!

◀ Das wäre sehr gut. Dann kann ich Sie auch gleich über unsere neuen Besuchszeiten und das Freizeitprogramm für die Bewohner informieren.

◀ Gern. Dann komme ich einfach nach dem Besuch zu Ihnen ins Stationszimmer?

◀ Prima. Bis nachher.

◀ Station 4, Pfleger Anton am Apparat. Wie kann ich Ihnen helfen?

◀ Guten Tag, hier ist Miriam Wagner. Es geht um meine Freundin Janina Schneider. Sie war bei Ihnen in stationärer Behandlung und hat bei der Entlassung einen Brief bekommen. Wofür ist denn dieser Brief?

◀ Dieser Brief ist für den Hausarzt und enthält Informationen zur Weiterbehandlung. Ihre Freundin soll ihm den Brief geben.

◀ Ach so, gut. Ich sage ihr Bescheid. Vielen Dank.

◀ Gern geschehen!

◀ Können Sie mir vielleicht noch kurz sagen, was in dem Brief steht? Das möchte Janina sicher wissen, bevor sie ihn dem Hausarzt gibt.

◀ Es tut mir leid, das kann ich Ihnen leider nicht sagen. Da müsste Ihre Freundin selber anrufen.

◀ Na gut, dann sage ich ihr das. Vielen Dank und auf Wiederhören.

◀ Bitteschön. Auf Wiederhören.

13

3

◀ Okay, Mariam, jetzt hast du alle wichtigen Räume gesehen. Dann erkläre ich dir noch, wie die Dienstübergabe bei uns funktioniert.

◀ Prima, das ist wirklich nett, dass du mir alles so genau zeigst.

◀ Ist doch selbstverständlich! Jeder ist ja irgendwann mal neu.

◀ Das stimmt. Aber du hilfst mir wirklich sehr.

◀ Das freut mich! Also, die Dienstübergabe findet bei uns normalerweise im Dienstzimmer statt. Wir haben bestimmte Themen, die wir immer in derselben Reihenfolge besprechen. Das haben wir so entschieden. In anderen Stationen gibt es manchmal andere Reihenfolgen. Wir reden zuerst über Organisatorisches. Dazu gehören zum Beispiel Änderungen im Dienstplan.

◀ Okay, Änderungen im Dienstplan. Und wahrscheinlich auch Materialbestellungen, oder?

◀ Genau. Darüber sprechen wir auch. Außerdem sprechen wir noch über offene Aufgaben, zum Beispiel, wenn der Wäschewagen noch aufgeräumt werden muss. Dann entscheiden wir, wie wir die Aufgaben verteilen, also welche Pflegekraft welchen Bereich oder Patienten übernimmt. Darüber müssen wir aber nicht jedes Mal sprechen, sondern nur, wenn es Änderungen gibt.

◖ Ich verstehe. Ich wiederhole noch mal: Also, zum Organisatorischen gehören Dienstplanänderungen, Materialbestellungen, offene Aufgaben und Aufgabenverteilung. Ist das richtig?

◖ Genau. Du hast ja gut zugehört!

◖ Danke!

◖ Dann sprechen wir noch über einzelne Patientinnen und Patienten. Wir fangen immer mit dem Namen und der Zimmernummer an. Dann wird kurz der Allgemeinzustand beschrieben. Danach sprechen wir über Pflegeressourcen, Pflegeprobleme und Pflegemaßnahmen. Als Nächstes kommen medizinische Maßnahmen, also Medikamente und Therapien. Manchmal kommt auch der behandelnde Arzt oder die Ärztin in die Dienstübergabe. Zum Schluss sprechen wir über die soziale Situation des Patienten. Dazu gehören zum Beispiel die Fragen, ob er Besuch bekommt und wie er sich beschäftigt.

◖ Okay, ich wiederhole noch mal: Zuerst Name und Zimmernummer, dann Allgemeinzustand, danach Pflegeressourcen, Pflegeprobleme und Pflegemaßnahmen, als Nächstes medizinische Maßnahmen und zum Schluss soziale Situation. Richtig?

◖ Nicht schlecht! Du hast wirklich ein gutes Gedächtnis!

4

◖ Wir fangen mit dem Organisatorischen an. Es gibt Änderungen im Dienstplan, weil Marion leider krank ist. Wer kann am Samstag ihre Frühschicht übernehmen?

◖ Das kann ich machen.

◖ Prima, dann haben wir das Problem gelöst. Gibt es noch etwas Organisatorisches?

◖ Ja. Wir müssen neues Verbandsmaterial bestellen und Thrombosestrümpfe brauchen wir auch.

◖ Gut. Ich übernehme das.

◖ Dann kommen wir jetzt zu unseren Patientinnen und Patienten. Sascha, fängst du an?

◖ Mach ich. Ich beginne mit Herrn Lorenz aus Zimmer 211. Sein Allgemeinzustand ist stabil, das Fieber ist heute Nacht gesunken. Er kann wieder allein aufstehen und wird heute Mittag schon wieder im Essraum essen. Er braucht aber Hilfe beim An- und Auskleiden sowie beim Waschen. Die behandelnde Ärztin, Frau Hofstedt, hat weiterhin fiebersenkende Medikamente angeordnet, die wir zweimal täglich geben sollen. Herr Lorenz hatte heute Besuch von seiner Frau. Nach ihren Besuchen geht es ihm immer sehr gut. Wenn er allein ist, liest er viel Zeitung.

◖ Danke, Sascha. Gibt es noch Fragen zu Herrn Lorenz? Nein? Dann machen wir weiter mit Frau Härtling. Machst du das bitte, Aischa?

14

1

◖ Hallo, Ewa, gut, dass ich dich treffe! Ich möchte mit dir über Herrn Weißling sprechen. Seine Situation ist sehr problematisch.

◖ Gern. Ist das der neue Patient, der einen schweren Dekubitus hat?

◖ Nein, das verwechselst du. Herr Weißling leidet an schwerer Herzinsuffizienz.

◖ Ach ja, jetzt weiß ich. Und was willst du mit mir besprechen?

◖ Schwierig ist im Moment vor allem, dass Herr Weißling extreme Stimmungsschwankungen hat.

◖ Oh. Kannst du mir das Wort „Stimmungsschwankungen" bitte erklären? Das kenne ich nicht.

◖ Das bedeutet, dass die Stimmung des Patienten sehr schnell wechselt. Manchmal ist er lustig und macht sogar Witze, aber oft hat er eine sehr gedrückte Stimmung und wirkt traurig.

◖ Ich verstehe. Wenn du möchtest, kann ich öfter bei ihm vorbeigehen und kurz mit ihm sprechen. Was denkst du?

◖ Toll. Genau darum wollte ich dich bitten!

◖ Das ist kein Problem. Und was genau heißt Herzinsuffizienz für die Pflege?

◖ Herr Weißling muss strikte Bettruhe einhalten und die Ärztin hat ihm verschiedene Medikamente verordnet.

◖ Heißt das, dass der Patient immer im Bett bleiben muss?

◖ Genau. Das bedeutet „strikte Bettruhe".

◖ Und welche Medikamente bekommt der Patient?

◖ Das findest du alles in der Pflegedokumentation.

◖ Gut, dann schaue ich mir die an. Und was bedeutet die Herzinsuffizienz für die Lagerung?

◖ Der Patient liegt in einem speziellen Pflegebett. Das Bett hat eine extra Einstellung für die Herzbettlage.

◖ Wie funktioniert das denn?

◖ Das zeige ich dir am besten mal direkt an so einem Bett. Was hältst du davon?

◖ Ja, das wäre sehr nett von dir!

3a

◖ Hallo, Mascha, wie geht es dir?

◖ Hallo, Aischa, schön dich zu sehen! Mir geht es gut. Und dir? Du siehst ein bisschen müde aus.

◖ Ja. Eigentlich bin ich total fertig.

◖ Oh, das tut mir leid. Was ist denn los?

◖ Ach. Ich weiß gar nicht. Aber die Arbeit ist mir im Moment zu viel. Ich denke eigentlich an nichts anderes mehr und nachts kann ich nicht mehr schlafen.

◖ Das hört sich aber nicht gut an. Machst du denn noch etwas anderes als arbeiten? Treibst du Sport? Oder gehst du ins Kino?

◖ Nein, dafür habe ich gar keine Zeit.

◖ Es ist aber sehr wichtig, dass du dich nicht nur mit der Arbeit beschäftigst. Man braucht auch einen Ausgleich.

◖ Was ist das denn, ein Ausgleich?

◖ Das ist etwas, was dir Spaß macht und dich auf andere Gedanken bringt. Man muss sich ja auch mal entspannen und erholen.

◖ Ja, da hast du sicher recht. Aber ich habe keine gute Idee, wie ich das machen kann. Ich kenne auch noch nicht viele Leute hier in der Stadt.

◖ Hm, also ich gehe einmal die Woche abends schwimmen, wenn ich keine Spätschicht habe. Du kannst gern mal mitkommen, wenn du Lust hast. Ich würde mich freuen.

◖ Au ja, das ist sehr nett von dir. Das mache ich gern!

15

3

◖ So, dann sprechen wir noch über Frau Jesper. Frau Jesper hat ein sehr hohes Risiko für Kontrakturen. Sie hat schon leichte Kontrakturen in den Schultern und in den Zehen.

◖ Woran liegt das denn?

◖ Das liegt daran, dass sie sich nur noch sehr schlecht selbst bewegen kann. Außerdem hat sie starke Rückenschmerzen und liegt deshalb oft in einer Schonhaltung im Bett.

◖ Können Sie mir das Wort „Schonhaltung" bitte erklären?

◖ Ja, natürlich. Das heißt, die Patientin bewegt sich nicht mehr normal, sondern sie vermeidet bestimmte Bewegungen, damit sie keine Schmerzen hat.

◖ Ach so. Und was könnten wir tun, um Kontrakturen bei Frau Jesper zu vermeiden?

◖ Die beste Möglichkeit ist Mobilisation. Alle Bewegungen, die Frau Jesper noch allein machen kann, soll sie auch allein machen. Sie kann sich zum Beispiel allein die Kleidung für den Oberkörper an- und ausziehen. Mit viel Ruhe kann sie allein essen und sich die Zähne putzen. Diese Dinge sollte sie auf jeden Fall jeden Tag allein tun.

◀ Ja, wir helfen ihr nur, wenn es nicht anders geht. Welche Möglichkeiten haben wir noch?

◀ Es ist wichtig, dass die Schmerztherapie bei Frau Jesper intensiver wird.

◀ Heißt das, dass sie Medikamente gegen die Rückenschmerzen bekommt, damit sie nicht mehr die Schonhaltung benutzt?

◀ Zum Beispiel. Medikamente sind eine Möglichkeit, Massagen oder Bewegungsübungen eine andere.

◀ Was muss ich bei der Lagerung beachten?

◀ Hängen Sie am besten die Bettdecke über den Bettrahmen. Dann ist nicht so viel Gewicht auf den Zehen.

◀ Gut, dann weiß ich jetzt, was ich tun kann.

16

2/3a

◀ Seniorenheim im Tal, Wohngruppe 4, Wagner, hallo?

◀ Guten Tag, Elena Reuter hier. Ich möchte gern mit meiner Mutter sprechen, aber ich erreiche sie nicht in ihrem Zimmer.

◀ Einen Moment bitte, bleiben Sie am Apparat. Ich frage nach.

◀ Danke.

◀ Frau Reuter?

◀ Ja?

◀ Ihrer Mutter geht es gut, sie ist gerade im Park spazieren. Möchten Sie eine Nachricht hinterlassen?

◀ Nein, danke, dann rufe ich später noch mal an.

◀ Gut. Auf Wiederhören.

◀ Auf Wiederhören.

◀ Pflegeheim am See, Sie sprechen mit Sascha.

◀ Guten Tag, Sascha, hier ist Gerda Lehmann.

◀ Ach, hallo, Frau Lehmann. Was kann ich für Sie tun?

◀ Ich würde gern mit Frau Häusermann sprechen, ist sie da?

◀ Ja, natürlich. Einen Augenblick, ich verbinde Sie sofort mit ihr.

◀ Vielen Dank. Auf Wiederhören.

◀ Auf Wiederhören, Frau Lehmann.

◀ Krankenhaus Waldhof, Station 3a, Pfleger Uli am Apparat.

◀ Guten Tag, mein Name ist Jonas Neumann.

◀ Wie kann ich Ihnen behilflich sein, Herr Neumann?

◀ Könnte ich bitte mit Schwester Aischa sprechen?

◀ Es tut mir leid, aber Schwester Aischa ist im Moment nicht zu erreichen. Kann ich ihr etwas ausrichten?

◀ Ja, könnten Sie ihr sagen, dass sie mich bitte bei der Arbeit zurückrufen soll?

◀ Ja, natürlich. Ich werde sie benachrichtigen.

◀ Vielen Dank und auf Wiederhören.

◀ Auf Wiederhören.

5a

◀ Labor, Peter am Apparat.

◀ Hallo, hier ist Aline von der Station 3b. Ich brauche die Laborwerte von Frau Lieber. Gibst du mir bitte die Nierenwerte und die Schilddrüsenwerte?

◀ Moment, ich gucke mal nach, eine Sekunde.

◀ Röntgenabteilung, hier ist Esma, hallo?

◀ Hallo, hier ist Mathias. Ich brauche einen Termin für eine Röntgenaufnahme.

◀ Entschuldige, hier ist es gerade so laut. Kannst du das bitte wiederholen?

◀ Klar. Ich brauche einen Termin für eine Röntgenaufnahme der Lunge.

◀ Okay. Einen Moment, bitte. Ist heute um Viertel nach 5 in Ordnung?

◀ Ja, das ist gut. Der Patient heißt Veselovic.

◀ Oh, kannst du das bitte buchstabieren?

◀ Natürlich. V – E – S – E – L – O – V – I – C.

◀ Danke. Ich habe den Termin notiert.

◀ Station 2, Schwester Mariam am Apparat, was kann ich für Sie tun?

◀ Hallo, hier ist Berner. Mein Vater wurde heute bei Ihnen operiert. Ich wüsste gern, wie es ihm geht und ob er schon wieder wach ist.

◀ Guten Tag, Herr Berner. Ihrem Vater geht es gut. Er ist schon wieder aufgewacht und Sie können ihn gern besuchen.

◀ Oh, das freut mich sehr, vielen Dank! Dann komme ich nachher vorbei.

◀ Station A4, Pfleger Moritz, hallo?

◀ Hallo, hier ist Monika Silberstein von der Verwaltung. Ich brauche Daten von Frau Tauber. Die ist heute neu aufgenommen worden.

◀ Hallo, Frau Silberstein. Welche Daten brauchen Sie denn?

◀ Ich brauche den Namen der Versicherung und die Versicherungsnummer.

◀ Moment, ich schaue kurz nach. Hier ist es. Also, die Patientin ist bei der AOK versichert. Die Versicherungsnummer ist …

17

1

◀ Hallo, Saşcha, was machst du denn gerade?

◀ Hallo, Manja, ach, ich kämpfe mich gerade durch die neuen Dokumentationsformulare.

◀ Oje, du Armer. Ich habe mir die neuen Formulare noch gar nicht so genau angeguckt. Unterscheiden sie sich sehr von den alten?

◀ Es geht. Natürlich gibt es die Formulare, die zu jeder Dokumentation gehören: das Stammdatenformular, den Pflegeanamnesebogen, die Pflegeplanung, den Anordnungsnachweis vom Arzt, den Leistungsnachweis, das Pflegeberichtsformular und so weiter.

◀ Ja, das ist ja nichts Neues, oder?

◀ Nein, das stimmt. Es gibt nur ein neues Formular: Den Biografiebogen hatten wir vorher noch nicht. Und ich muss mich an die neue Form gewöhnen und mir alles genau angucken.

◀ Ja, das ist klar. Als ich mich entschieden habe, Altenpflegerin zu werden, wusste ich gar nicht, dass die Dokumentation so ein großer Teil der täglichen Arbeit ist.

◀ Das ging, glaube ich, fast allen von uns so. Aber sie ist ja auch wirklich wichtig.

◀ Klar, Qualitätssicherung und lückenlose Informationsweitergabe sind ohne Dokumentation unmöglich. Und natürlich können wir auch nichts abrechnen, was nicht dokumentiert ist.

◀ Genau. Außerdem finde ich sie sehr hilfreich, wenn man einen neuen Patienten übernimmt.

◀ Ja, das stimmt. Dann hat man alle wichtigen Informationen zusammen. Und wenn man sich an die normalen Formulierungen gewöhnt hat, ist es auch nicht mehr so schwierig, die Dokumentation zu schreiben.

18

2a

◀ Herr Feiner, Sie sind seit gestern bei uns im Seniorenheim am Waldsee. Wie fühlen Sie sich bei uns?

◀ Ja, naja, ich weiß noch nicht so genau. Ich fühle mich ein wenig verloren und ängstlich.

◀ Es ist ja auch noch alles neu für Sie. Aber Sie bekommen von mir gleich noch Informationen zu unserem Alltag. Ich habe Ihnen ja schon heute Morgen gesagt, dass ich später noch mit Ihnen sprechen möchte. Sind Sie jetzt bereit für das Gespräch?

◀ Ja, ja, kein Problem.

◖ Gut. Dann fangen wir mit Ihren persönlichen Daten an. Dazu gehören Ihr Alter, der Wohnort, Ihre Religionszugehörigkeit und so weiter.

◗ In Ordnung. Fangen wir beim Alter an. Ich bin jetzt 83 Jahre alt. Ich wurde geboren am...

◖ Gut, Herr Feiner. Die persönlichen Daten habe ich aufgeschrieben. Haben Sie Angehörige, mit denen Sie in Kontakt stehen?

◗ Meine Tochter wohnt auch hier in Duisburg. Sie kommt mich sicher bald besuchen, dann lernen Sie sie kennen.

◖ Das ist schön, das freut mich!

◗ Ich habe auch einen kleinen Enkel, der ist meine ganze Freude!

◖ Na, dann hoffe ich, dass er seinen Großvater bald im neuen Zuhause besucht!

◗ Ja, da bin ich mir ganz sicher.

◖ So, jetzt würde ich gern noch Ihren Blutdruck messen und Sie kurz untersuchen. Den Arztbrief von Ihrem Hausarzt haben wir ja schon. Aber ich habe noch ein paar Fragen zu Ihrer Gesundheit ...

20

1 / 4 a

◖ Pflegeheim Strandweg, hier ist Maria Lehnke, was kann ich für Sie tun?

◗ Guten Tag, Frau Lehnke, hier ist Alfred Toscher aus dem Krankenhaus Am Meer. Ich wollte Ihnen mitteilen, dass Frau Meisel nächste Woche Montag entlassen wird und zu Ihnen ins Heim zurückkommt.

◖ Dann geht es ihr also besser?

◗ Ja, ihr Zustand hat sich so verbessert, dass sie nicht mehr im Krankenhaus bleiben muss.

◖ Das freut mich zu hören. Um wie viel Uhr haben Sie denn den Transport bestellt?

◗ Der Krankenwagen müsste am Montag gegen 10 Uhr bei Ihnen sein.

◖ Sehr gut, dann sind wir vorbereitet. Gibt es etwas, was wir wissen müssen?

◗ Ja, Frau Meisel hat ein sehr hohes Dekubitusrisiko. Es muss alles getan werden, damit kein Dekubitus entsteht.

◖ Gut, danke. Dann wissen wir das schon mal.

◗ Alle anderen Informationen finden Sie wie immer im Pflegeüberleitungsbogen.

◖ Gut. Vielen Dank für Ihren Anruf.

◗ Gern geschehen. Auf Wiederhören, Frau Lehnke.

◖ Auf Wiederhören.

◖ Guten Tag, Frau Bauer.

◗ Guten Tag, Schwester Katja.

◖ Der Stationsarzt hat entschieden, dass Sie morgen entlassen werden können.

◖ Oh, das ist schön. Das freut mich sehr.

◖ Soll ich Ihre Tochter anrufen und sie informieren?

◗ Ja, das wäre sehr nett von Ihnen.

◖ Und ich brauche noch die Adresse von Ihrem Hausarzt für den Arztbrief. Könnten Sie sie mir sagen?

◗ Das ist Herr Doktor Schröter. Moment, wegen der Adresse schaue ich nach. Ah, hier ist es: Naumburger Str. 105, die Postleitzahl ist 15432.

◖ Vielen Dank, Frau Bauer.

◖ Bauer, guten Tag.

◗ Hier ist das Krankenhaus Waldfelde, Schiller, guten Tag. Ich möchte Sie informieren, dass Ihre Mutter morgen entlassen wird.

◖ Oh, das freut mich aber! Wann können wir sie denn abholen?

◗ Sie können Ihre Mutter um 9 Uhr abholen.

◖ Sehr gut. Vielen Dank.

◗ Ich danke Ihnen auch. Bis morgen und auf Wiederhören.

◖ Auf Wiederhören.

3a

◖ Baier.

◖ Guten Tag, Herr Baier. Hier ist Peter Steiner vom Krankenhaus Stadtmitte. Ich habe Fragen zur Entlassung von Frau Engel.

◖ Ach ja, das ist meine Schwiegermutter. Meine Frau, also die Tochter von Frau Engel, wird den Transport nach Hause begleiten, wenn das möglich ist.

◖ Ja, das ist sogar sehr gut. Dann muss ich noch wissen, wer den Schlüssel zur Wohnung hat. Frau Engel hat ihn nicht, wie sie mir gesagt hat.

◖ Nein, den hat auch meine Frau. Sie wird ihn mitbringen.

◖ Dann kümmert sich Ihre Frau sicher auch um die Einkäufe und stellt die Heizung in der Wohnung an?

◖ Genau. Ich glaube, das hat sie sogar schon gemacht.

◖ Sehr schön. Dann ist ja alles klar. Vielen Dank und auf Wiederhören.

◖ Ich danke Ihnen! Auf Wiederhören.

◖ Krankentransporte Adler und Sohn, guten Tag?

◖ Hallo, Herr Adler. Hier ist Peter Steiner aus dem Krankenhaus Stadtmitte. Wir brauchen einen Transport am nächsten Mittwoch um 9:30 Uhr. Geht das?

◖ Ja. Das ist kein Problem. Gibt es eine Begleitperson?

◖ Ja, die Patientin, Frau Engel, wird von ihrer Tochter begleitet. Sie kann sitzend transportiert werden.

◖ Gut. Das habe ich notiert. Wie sieht es mit den Kosten aus?

◖ Die Kosten übernimmt die Krankenversicherung von Frau Engel, die TK.

◖ Prima. Dann ist alles klar. Wir schicken einen Wagen am Mittwoch um 9:30 Uhr.

◖ Vielen Dank. Auf Wiederhören!

21

1

◖ Hör mal, das klingt doch gut: Hier ist eine Stelle als Altenpflegerin hier in der Stadt zu vergeben.

◖ Ja? Das wäre ja toll! Was für eine Stelle ist es denn?

◖ Hm, da steht nichts Genaueres. Die suchen einen Altenpfleger oder eine Altenpflegerin mit Ausbildung und Berufserfahrung.

◖ Das hast du doch beides.

◖ Ja, aber nur drei Jahre – man soll mindestens fünf Jahre gearbeitet haben.

◖ Naja, versuchen kannst du es ja trotzdem mal. Was steht denn da noch?

◖ Zuverlässig und teamfähig soll man sein. Aber das bin ich ja! Ob ich mal nach der Stelle fragen sollte?

◖ Na klar! Probieren solltest du es auf jeden Fall. Vielleicht bekommst du ja eine Einladung für ein Vorstellungsgespräch.

◖ Ja, du hast recht. Ich werde nach dem Frühstück gleich mal in dem Seniorenheim anrufen.

Lösungen

1

1 A 4; B 1; C 2; D 3

2a Gesundheits- und Kinderkrankenpflegerin; Altenpfleger; Pflegehelferin

3 Spritzen geben; Verbände wechseln; Kinder trösten/betreuen; Feste/Ausflüge organisieren; Medikamente verteilen/geben; die Angst nehmen; Bewohner trösten/betreuen; bei der Körperpflege helfen; mit den Menschen sprechen

4a 1. herzlich willkommen; 2. Gesundheits- und Krankenpflegerin; 3. Arztpraxis; 4. Pflegeberuf; 5. Menschen; 6. betreuen; 7. helfen; 8. Aufgaben; 9. Patienten; 10. Körperpflege; 11. Geduld/Verständnis; 12. Geduld/Verständnis; 13. Angst

2

1 1. die stationäre Pflegeeinrichtung (Altenpflege-/Behindertenwohnheim); 2. das Krankenhaus; 3. die teilstationäre Pflegeeinrichtung (Tagespflege); 4. die häusliche Pflege

2a 1. Seniorenheim; 2. Krankenhaus; 3. häusliche/mobile Pflege; 4. Tagespflegeeinrichtung / teilstationäre Pflegeeinrichtung

2b 1. Name/Alter: Sascha Richter, 32; Aufgaben: beim Essen und Waschen helfen, Gymnastik mit den Bewohnern machen; Vorteile: Kontakt zu alten Menschen; Nachteile: Dienstzeiten schwierig für Privatleben; 2. Name/Alter: Katja Müller, 27; Aufgaben: Patienten waschen, Blutdruck und Temperatur messen, Frühstück servieren; Vorteile: enge Zusammenarbeit mit Kolleginnen; Nachteile: Zeitdruck; 3. Name/Alter: Olga Zielinska, 42; Aufgaben: alte und behinderte Menschen zu Hause pflegen; Vorteile: flexibel, nicht immer am selben Ort; Nachteile: körperlich sehr anstrengend; 4. Name/Alter: Teresa Procházková, 44; Aufgaben: Beschäftigung anbieten; Vorteile: es geht den Menschen richtig gut bei ihnen; Nachteile: manche kommen nur für kurze Zeit

3a Ärzte für verschiedene Fachgebiete; Krankenpflegerinnen und Krankenpfleger; Pflegeassistenten und Pflegehelfer; Pflegedienstleiter; Psychologen; Physiotherapeuten; medizinisch-technische Assistenten; Laboranten; Apotheker; Sozialarbeiter; Seelsorger; Köche; Küchenpersonal; Reinigungskräfte.

3b richtig: 1., 5.

4 Grafik: Direktion/Heimleitung → Pflegedienstleitung (PDL) → Abteilungs- und Gruppenleiter/Wohnbereichsleiter → Team: Pflegefachkräfte, Pflegeassistenten, Pflegehelfer, Hilfskräfte, Pflegeschüler, Auszubildende

3

1 1. Erste Hilfe; 2. Notausgang; 3. Defibrillator (AED); 4. Hals-Nasen-Ohrenabteilung; 5. Arzt; 6. Feuerlöscher; 7. Rauchverbot; 8. Notruftelefon; 9. Sammelstelle

2 1. Patientenzimmer; 2. Aufnahme; 3. Operationssaal; 4. Apotheke; 5. Labor; 6. Röntgenabteilung; 7. Cafeteria; 8. Dienstraum/Schwesternzimmer; 9. Aufenthaltsraum; 10. Intensivstation (ITS); 11. Stationsküche; 12. Kreißsaal; 13. Aufwachraum; 14. Notaufnahme/Rettungsstelle

3 1.: 1. seine Tochter; 2. Kinderstation; 3. zweiten; 4. vorbeigehen; 5. rechts hinter; 2.: 1. Röntgenabteilung; 2. vierten Stock; 3. links; 4. zur Glastür; 5. hinter der Tür

4

1 1. die Serviette; 2. die Schale; 3. der Brotkorb; 4. der Salzstreuer; 5. der Pfefferstreuer; 6. die Gabel; 7. der Teller; 8. das Glas; 9. die Tasse; 10. die Untertasse; 11. das Messer; 12. der Löffel

2a 1. der Patientenlifter; 2. der Rollstuhl; 3. das Hörgerät; 4. die Tablette; 5. das Blutzuckermessgerät; 6. die Spritze; 7. das Pflaster; 8. die Salbe; 9. das Desinfektionsmittel; 10. das Blutdruckmessgerät; 11. das Stethoskop; 12. der Mund-Nase-Schutz; 13. das Fieberthermometer; 14. der Verband; 15. die Schutzhandschuhe; 16. die Vorlage; 17. der Rollator/Gehwagen; 18. das höhenverstellbare Pflegebett; 19. die Urinflasche; 20. die Bettpfanne; 21. das Lagerungskissen; 22. der Gymnastikball; 23. der Toilettenstuhl; 24. Thromboseprophylaxestrümpfe; 25. der Gehstock; 26. die Tropfen

2b 1. der Gymnastikball, der Gehstock, der Rollstuhl, der Rollator/Gehwagen; 2. die Bettpfanne, die Urinflasche, der Toilettenstuhl, die Vorlage; 3. das Hörgerät; 4. das Lagerungskissen, der Patientenlifter, das höhenverstellbare Pflegebett, Thromboseprophylaxestrümpfe; 5. die Schutzhandschuhe, der Mund-Nase-Schutz, das Desinfektionsmittel; 6. das Pflaster, der Verband; 7. das Stethoskop, das Blutzuckermessgerät, das Blutdruckmessgerät, das Fieber- thermometer; 8. die Tropfen, die Spritze, die Salbe, die Tablette

5

1a Nachtdienst: 22:00 Uhr bis 06:30 Uhr; Spätdienst: 14:00 Uhr bis 22:30 Uhr; Frühdienst: 06:00 Uhr bis 14:30 Uhr

2a helfe bei der Körperpflege; gebe Medikamente; mache die Betten; Frühstück; kontrolliere ich die Verbände; nehme die Essensbestellungen auf; organisiere Transporte zu Untersuchungen; helfe ich beim Mittagessen; kümmere ich mich um die Lagerung der Patienten; organisiere Kaffee und Tee; versorge ich die Patienten mit Kaffee und Tee; mache eine Medikamentenrunde; bringe das Abendessen; helfe beim Zubettgehen; unterstütze die Bewohner bei der Mund- und Zahnpflege und beim Waschen; richte die Betten; kümmere mich um die Lagerung; helfe beim Toilettengang; leere die Urinflaschen; gebe Medikamente; überprüfe die Vitalzeichen; mache einen Kontrollgang; gucke, ob jemand Schlafstörungen hat; kontrolliere die Vitalzeichen; ergreife Notfallmaßnahmen; rufe den diensthabenden Arzt; helfe den Frühaufstehern beim Aufstehen und Ankleiden

2b Frühdienst/Spätdienst/Nachtdienst haben; Betten machen/richten; die Verbände kontrollieren; Notfallmaßnahmen ergreifen; beim Aufstehen und Ankleiden helfen/unterstützen; bei der Körperpflege helfen/unterstützen; sich um die Lagerung kümmern; Essensbestellungen aufneh- men; beim Zubettgehen helfen/unterstützen; Transporte zu Untersuchungen organisieren; beim Mittagessen helfen/unterstützen; Kaffee und Tee organisieren/bringen; beim Waschen helfen/ unterstützen; an den Frühdienst übergeben; die Urinflasche leeren; das Abendessen bringen/ machen; einen Kontrollgang machen; die Vitalzeichen kontrollieren; den diensthabenden Arzt rufen; beim Toilettengang helfen/unterstützen; eine Medikamentenrunde machen; die Patienten mit Kaffee und Tee versorgen; Medikamente geben/bringen; bei der Mund- und Zahnpflege helfen/ unterstützen

3 1. nicht ins Kino; Spätdienst; 2. sehr stressig; alle drei Schichten in einer Woche; 3. ist sie vielleicht sehr müde und wird spontan entscheiden, was sie machen möchte; 4. möchte sie zusammen mit ihrem Freund etwas Schönes machen

6

1 1. das Bein; 2. die Hand; 3. der Ellenbogen; 4. der Arm/Oberarm; 5. der Finger; 6. der Bauch; 7. der Zeh; 8. die Schulter; 9. der Unterschenkel; 10. der Daumen; 11. der Fuß; 12. der Oberarm/Arm; 13. die Brust; 14. der Hals; 15. der Oberschenkel; 16. der Unterarm; 17. das Knie; 18. der Kopf

2 1. die Stirn; 2. die Nase; 3. der Mund; 4. das Kinn; 5. das Auge; 6. das Ohr; 7. die Wange

3a *mögliche Antworten:*

die Beine: tanzen, laufen, gehen, rennen, schwimmen, springen, Fahrrad fahren; die Arme: winken, schreiben, umarmen, tanzen, klettern; der Mund: sprechen, singen, essen, beißen, küssen

4 1. die Handwurzel; 2. das Kreuz- und Steißbein; 3. das Schlüsselbein; 4. der Oberschenkelknochen; 5. die Fußwurzel; 6. der Unterkiefer; 7. der Oberarmknochen; 8. die Wirbelsäule; 9. die Elle; 10. der Schädel; 11. die Rippe; 12. die Speiche; 13. das Becken; 14. der Oberkiefer; 15. das Brustbein; 16. das Schienbein; 17. die Halswirbelsäule; 18. das Wadenbein

5a 1. die Leber: baut Eiweiß, Kohlenhydrate und Fett ab, Entgiftung; 2. die Luftröhre: verbindet die Nase mit der Lunge; 3. der Magen: speichert und mischt die Nahrung; 4. der Dickdarm: resorbiert Wasser und Elektrolyte, speichert den Stuhlinhalt; 5. die Lunge: Atmung; 6. die Speiseröhre: transportiert die Nahrung vom Mund in den Magen; 7. die Bauchspeicheldrüse: bildet Verdauungs- enzyme; 8. das Herz: pumpt das Blut durch den Körper; 9. die Harnblase: sammelt und speichert Harn/Urin; 10. die Niere: scheidet Endprodukte des Stoffwechsels aus

7

1a fettige Haut: fettig glänzend, unrein; normale Haut: klar; trockene Haut: schuppig, rau, rissig

1b 1. orange; 2. zu langsam

2 1. B; 2. D; 3. A; 4. C

3 laut; weich; müde; langsam

4a 1. Wo genau tut es denn weh?; 2. Können Sie den Schmerz genauer beschreiben?; 3. Wann tut es denn weh?; 4. Und seit wann haben Sie diese Schmerzen?; 5. Und haben Sie noch andere Beschwerden zusammen mit den Schmerzen?

8

1 A 2; B 3; C 1

2 1. Könnten Sie mir; 2. reichen; 3. Soll ich; 4. machen; 5. zuerst; 6. Würden Sie bitte; 7. freimachen; 8. Erschrecken; 9. Anschließend; 10. es tut nicht weh; 11. Machen Sie sich keine Sorgen; 12. wie haben Sie geschlafen; 13. Das tut mir leid; 14. Ich bringe Ihnen; 15. Möchten Sie

3 1. f, i, k; 2. a, d, l; 3. m; 4. e; 5. c; 6. b, g, h, j

9

1a B; C; D; A

1b 1. Energie; 2. Vegetarier; 3. Veganer; 4. Schweinefleisch; 5. pürierte; 6. flüssige

3a 1. Frau Siebert bestellt zum Mittagessen Bohneneintopf. 2. Herr Arslan vermisst die Küche seiner Heimat sehr. 3. Der Patient darf nur wenig Fett essen. – Es ist wichtig, dass der Patient sein Gewicht reduziert.

3b 1. Haben Sie sich von der Speisekarte etwas ausgesucht; 2. Gern; 3. also einmal Bohneneintopf; 4. Möchten Sie dazu; 5. Und was möchten Sie zum Nachtisch; 6. Haben Sie sonst noch einen Wunsch; 7. aber die Ärztin hat für Sie fettarme Kost angeordnet

10
1a A 2; B 4; C 1; D 3
1b 1. Ist das Ihre Tochter; 2. Haben Sie noch mehr Kinder; 3. Und was macht Ihre Tochter beruflich; 4. Das hört sich aber sehr interessant an; 5. Treiben Sie noch mehr Sport; 6. Was ist denn Ihr Lieblingsverein
2 A: Was studiert denn Ihre Enkelin? – Stricken Sie den Pullover für Ihren Enkel?; B: Interessieren Sie sich auch für Sport? – Wohin fahren Sie denn gern in den Urlaub? – Spielen Sie ein Instrument? – Welche Musik hören Sie gern? – Welchen Schauspieler mögen Sie am liebsten? – Stricken Sie den Pullover für Ihren Enkel?; C: Und was genau haben Sie als Reiseleiter gemacht? – Und macht Ihnen die Arbeit Spaß? – Haben Sie gern als Buchhändler gearbeitet?; D: Heute ist es ja richtig warm! – Was für eine furchtbare Kälte, nicht wahr?

11
1a 1. c; 2. b, c; 3. b, c
2a 1. d, e, g, j; 2. a, f; 3. b, i, k; 4. c, h
2b *mögliche Antworten:*
Es tut mir leid, dass... – leider gibt es... – Möchten Sie vielleicht ... – Wie genau meinen Sie denn das? – Verstehe ich Sie richtig und Sie möchten gern, dass ... – Und wie wäre die Situation für Sie angenehmer? – Bei uns auf der Station ist es so, dass ... – Trotzdem versuchen wir, besser auf Ihre Wünsche zu achten. – Sind Sie damit einverstanden? – Das verstehe ich gut.
3 1. C; 2. E; 3. G; 4. A; 5. F; 6. B; 7. D

12
1a a 5; b 3; c 1; d 2; e 4
2a 1 C; 2 A; 3 B
2b 1: Hoffmann, Schwiegersohn; 2: Vogel, Tochter; 3: Janina Schneider, Freundin
3b Die Pflegekraft darf ohne das Einverständnis des Patienten keine Informationen an Angehörige oder Freunde weitergeben. – Die Pflegekraft darf behandelnden Ärzten Informationen geben.

13
1a A: Bild 3, Beschreibung 1; B: Bild 1; Beschreibungen 3., 5.; C: Bild 2, Beschreibungen 2., 4.
2 Pflegerinnen und Pfleger; Auszubildende, Schülerinnen/Schüler; Aushilfen/Stationshilfen; Pflegehelferinnen und Pflegehelfer; behandelnde Ärzte/Therapeuten; Praktikantinnen/Praktikanten
3 A 1. Dienstplanänderungen; 2. Materialbestellungen; 3. offene Aufgaben; 4. Aufgabenverteilung; B 1. Name und Zimmernummer; 2. Allgemeinzustand; 3. Pflegeressourcen, Pflegeprobleme, Pflegemaßnahmen; 4. medizinische Maßnahmen; 5. soziale Situation
4 1. Wir fangen mit dem Organisatorischen an; 2. Wer kann am Samstag ihre Frühschicht übernehmen; 3. Gibt es noch etwas Organisatorisches; 4. Dann kommen wir jetzt zu; 5. fängst du an; 6. Ich beginne mit; 7. Sein Allgemeinzustand ist; 8. Er kann; 9. Er braucht aber Hilfe beim; 10. Herr Lorenz hatte heute Besuch von seiner Frau; 11. Gibt es noch Fragen zu Herrn Lorenz

14

1a richtig: 1.; 4.; 5.; 7.; 8.; 9.

1b 2.; 4.; 5.; 6.; 7.; 8.; 9.

3a 1. wie geht es dir; 2. Mir geht es gut; 3. das tut mir leid; 4. Treibst du Sport; 5. ins Kino; 6. Es ist aber sehr wichtig; 7. Was ist das denn; 8. ich habe keine gute Idee; 9. Ich würde mich freuen; 10. Das mache ich gern

15

1a Ich habe Sie leider nicht verstanden. – Bitte erklären Sie mir … – Was genau bedeutet …? – Könnten Sie das bitte wiederholen? – Sprechen Sie bitte etwas langsamer.

3a 1. Woran liegt das denn; 2. Können Sie mir das Wort „Schonhaltung" bitte erklären; 3. was könnten wir tun; 4. Welche Möglichkeiten haben wir noch ; 5. Heißt das, dass; 6. Was muss ich bei der Lagerung beachten; 7. Gut, dann weiß ich jetzt, was ich tun kann

16

1 1.; 2.; 3.; 5.

2 1.; 2.; 4.; 6.

3a 2.; 4.; 6.; 8.; 9.; 10.; 11.; 12.

3b a 2; b 6; c 12; d 8; e 10; f 2

5a 1. die Laborwerte; 2. Kannst du das bitte wiederholen; 3. Ich brauche einen Termin für eine Röntgenaufnahme der Lunge; 4. kannst du das bitte buchstabieren; 5. was kann ich für Sie tun; 6. Sie können ihn gern besuchen; 7. Welche Daten brauchen Sie denn; 8. ich schaue kurz nach; 9. Die Patientin ist bei der AOB versichert. Die Versicherungsnummer ist

17

1 richtig: 2.; 3.; 4.; 6.; 9

2b richtig: Welche Medikamente der Patient bekommen soll, steht im Anordnungsnachweis. – Wenn ein Patient gewaschen wurde, dokumentiert man das im Leistungsnachweis. – Jede Schicht füllt das Pflegeberichtsformular aus.
korrigiert: Im Stammdatenformular stehen allgemeine Daten des Patienten. – Die Kurve dokumentiert Vitalzeichen und Medikamente.

3 *mögliche Antworten:*

Sturzprotokoll		
Name: *Schneider*	Vorname: *Annegret*	Geb.-Datum: *10.11.1938*

Zeitpunkt des Sturzes Datum: *2.3.* Uhrzeit: *13 Uhr* War jemand dabei? ⊗ Ja ○ Nein Welche Person/en? *andere Bewohner*	**Wie war das Licht während des Sturzes?** ○ hell ○ dunkel ⊗ blendend
	Umgebung des Körpers Schuhe ○ feste ⊗ offene ○ Schnürsenkel offen ○ mit Strümpfen ○ barfuß Brille ○ verschmutzt ○ wird gebraucht, aber nicht getragen
Ort des Sturzes ○ Flur ○ Zimmer ○ Tagesraum ○ Bad ○ Toilette ⊗ Essraum	
Kann sich der Bew./Pat. über den Vorgang des Sturzes äußern? ⊗ Ja ○ Nein Was sagt er/sie dazu? *auf glattem Boden ausgerutscht*	**Benutzt der Bew./Pat. Hilfsmittel?** ⊗ Gehstock ○ Rollstuhl ○ Sonstiges:
Sind aus der Vorgeschichte Stürze bekannt? ○ Ja ⊗ Nein ○ im Haus ○ zu Hause ○ im Krankenhaus	**Bericht über die Zeit nach dem Sturz** Schmerzäußerung ⊗ Ja ○ Nein Bewegungseinschränkung ○ Ja ⊗ Nein
Wie kam es zu dem Sturz? Ist der Bew./Pat. gestolpert? ○ Ja ⊗ Nein Ist der Bew./Pat. ausgerutscht? ⊗ Ja ○ Nein *Ursache: glatter Boden*	**Verletzungen** Schmerzen ⊗ Ja ○ Nein Hämatome ○ Ja ⊗ Nein offene Wunden ○ Ja ⊗ Nein Knochenbrüche ○ Ja ⊗ Nein
Beschreiben Sie die Situation: *Bew. wollte nach*	
dem Essen vom Tisch aufstehen	**Maßnahmen** Vitalzeichenkontrolle ○ Ja ⊗ Nein
Ist der Bew./Pat. aus dem Bett gefallen? ○ Ja ⊗ Nein	Röntgen ○ Ja ⊗ Nein Arzt informiert ⊗ Ja ○ Nein
Bew.: Bewohner Pat.: Patient	Sonstige:

18

1a richtig: 2., 4., 5.; falsch: 1., 3.

1b 1., 3., 5.

2a 1. Wie fühlen Sie sich bei uns; 2. Informationen zu unserem Alltag; 3. Sind Sie jetzt bereit für das Gespräch; 4. persönlichen Daten; 5. Haben Sie Angehörige; 6. Das ist schön; 7. jetzt würde ich gern noch; 8. Aber ich habe noch ein paar Fragen zu Ihrer Gesundheit

19

1 Pflegeressourcen: Patient ist sehr motiviert; kann ohne Hilfe gehen; löst gern Rätsel; kann selbstständig essen; die Freunde/Angehörigen helfen bei der Körperpflege; kann mit dem Rollator ohne Hilfe laufen; informiert Pflegepersonal über Schmerzen; spielt gern Karten; hält Kontakt zu den Angehörigen.
Pflegeprobleme: trinkt nur 600 ml/Tag; hat trockene Haut; hat ein hohes Dekubitusrisiko wegen Immobilität; geht sehr unsicher; hat keinen Appetit; ist oft traurig / gedrückter Stimmung; kann sich nicht selbstständig Brote machen; hört schlecht

2 1. a; 2. b; 3. b; 4. b

3 1. c; 2. d; 3. a; 4. b

4 1. b; 2. a

5 1. b; 2. b

6 b

20

1 A 2; B 1; C 3

2a Sie sollten auf jeden/keinen Fall ... – Achten Sie bei ... auf ... – Sie dürfen in der nächsten Zeit nicht ... – Nehmen Sie diese Tabletten/Tropfen ... – Ich würde Ihnen empfehlen, ... – Am besten ist es, wenn Sie ...

2b 1.; 3.; 4.; 6.; 8.

3a 1. dem Schwiegersohn; 2. seine Frau / die Tochter der Patientin; 3. den Schlüssel; 4. die Einkäufe; 5. stellt die Heizung in der Wohnung an / die Heizung; 6. Krankentransporte Adler und Sohn; 7. nächsten Mittwoch; 8. 9:30; 9. sitzend; 10. ihrer Tochter; 11. Krankenversicherung von Frau Engel / die TK

4a 1.; 3.; 5.; 6.

21

1 Anzeige B

2 1. belastbar; 2. flexibel; 3. zuverlässig; 4. Einfühlungsvermögen; 5. teamfähig; 6. schichtdiensttauglich; 7. motiviert; 8. selbstständige Arbeitsweise

4a 1. D; 2. A; 3. B; 4. C

5 Martin Hoffmann, weil er in Weimar wohnt, Berufserfahrung in der ambulanten Pflege und einen eigenen PKW hat.

22

1 1.; 2.; 3.; 4.

2a 1. Persönliche Daten; 2. Schulbildung; 3. Berufsausbildung; 4. Berufserfahrung; 5. Weiterbildung; 6. Weitere Qualifikationen; 7. Interessen

3a 1. Absender; 2. Empfänger; 3. Betreff; 4. Ort und Datum; 5. Anrede; 6. Brieferöffnung; 7. letzter Arbeitsort; 8. berufliche Entwicklung; 9. sonstige Fähigkeiten; 10. Bitte um Gesprächstermin; 11. Grußformel; 12. Unterschrift; 13. Hinweis auf Anlagen

Bildquellen:

Auf dieser CD finden Sie Hörtexte für alle Aufgaben zum Hörverstehen.

Track	Titel	Seite
1	Nutzerhinweis	
2	Einheit 1, Aufgabe 4a	7
3–6	Einheit 2, Aufgabe 2	8
7–8	Einheit 3, Aufgabe 3	11
9	Einheit 5, Aufgabe 3	15
10	Einheit 7, Aufgabe 4a	19
11–13	Einheit 8, Aufgabe 2	20
14–16	Einheit 9, Aufgabe 3	23
17–20	Einheit 10, Aufgabe 1	24
21–23	Einheit 11, Aufgabe 1a + 2b	26
24	Einheit 12, Aufgabe 1	28
25–27	Einheit 12, Aufgabe 2a + b	28
28	Einheit 13, Aufgabe 3	30
29	Einheit 13, Aufgabe 4	31
30	Einheit 14, Aufgabe 1	32
31	Einheit 14, Aufgabe 3a	33
32	Einheit 15, Aufgabe 3	35
33–35	Einheit 16, Aufgabe 2 + 3a	36
36–39	Einheit 16, Aufgabe 5a	37
40	Einheit 17, Aufgabe 1	38
41	Einheit 18, Aufgabe 2a	41
42–44	Einheit 20, Aufgabe 1 + 4a	44
45–46	Einheit 20, Aufgabe 3a	45
47	Einheit 21, Aufgabe 1	46

Sprecherliste Audio-CD:
Denis Abrahams, Yekta Arman, Eva Gaigg, Ula Goebel, Marianne Graffam, Wolfgang Höntzke, Selda Işlek, Martin Klemrath, Elke Lüders, Andrea Mackensen, Kim Pfeiffer, Felix Würgler

Studio: Clarity Studio Berlin
Toningenieur: Pascal Thinius
Regie: Christian Schmitz und Katrin Rebitzki